"十三五"普通高等教育本科部委级规划教材

经管类本科
毕业论文写作指导

张健东 于姝 王金婷◎主编

国家一级出版社　中国纺织出版社　全国百佳图书出版单位

内 容 提 要

本书按照毕业论文的撰写过程设计篇章结构，根据经济和管理两个学科的特点，分别从选题、构思、文献资料的获取和整理、写作、格式阐述毕业论文的写作，旨在帮助大学生全面掌握撰写毕业论文的技能和方法。帮助教师有效地指导学生写作毕业论文，提高高校毕业论文的水平与整体质量。本书可以作为经济管理类本科学士学位毕业论文写作的指导书和参考书。

图书在版编目（CIP）数据

经管类本科毕业论文写作指导 / 张健东，于姝，王金婷主编． —北京：中国纺织出版社，2018.3（2023.7重印）
"十三五"普通高等教育本科部委级规划教材
ISBN 978-7-5180-4157-2

Ⅰ．①经… Ⅱ．①张… ②于… ③王… Ⅲ．①经济管理—毕业论文—写作—高等学校—教学参考资料 Ⅳ．① G642.477

中国版本图书馆 CIP 数据核字（2017）第 243481 号

策划编辑：曹炳镝　　　责任印制：储志伟

中国纺织出版社出版发行
地址：北京市朝阳区百子湾东里 A407 号楼　邮政编码：100124
销售电话：010-67004422　传真：010-87155801
http：//www.c-textilep.com
E-mail: faxing@c-textilep.com
中国纺织出版社天猫旗舰店
官方微博http://weibo.com/2119887771
三河市延风印装有限公司印刷　　各地新华书店经销
2018 年 3 月第 1 版　2023 年 7 月第 5 次印刷
开本：710×1000　1/16　印张：8
字数：90 千字　定价：26.00 元

王核成：杭州电子科技大学管理学院院长、教授、博导

王进富：西安工程大学管理学院院长、教授、硕导

王若军：北京经济管理职业学院院长、教授

乌丹星：国家开放大学社会工作学院执行院长、教授

吴中元：天津工业大学科研处处长、教授

夏火松：武汉纺织大学管理学院院长、教授、博导

张健东：大连工业大学管理学院院长、教授、硕导

张科静：东华大学旭日工商管理学院副院长、教授、硕导

张芝萍：浙江纺织服装职业技术学院商学院院长、教授

赵开华：北京吉利学院副校长、教授

赵志泉：中原工学院经济管理学院院长、教授、硕导

朱春红：天津工业大学经济学院院长、教授、硕导

前　言

本书按照毕业论文撰写过程，比较详细地阐述了毕业实习、毕业论文的选题、文献的收集和整理，毕业论文的开题、写作、论文结构设计、修改、中期检查以及答辩等各环节的基本规范和基本经验。本书依据经济和管理两个学科的特点，针对指导毕业论文中的常见问题，并给予指导和建议。

本书共分为九章，第一章毕业实习；第二章毕业论文（设计）选题；第三章毕业论文（设计）的文献收集；第四章研究方法；第五章毕业论文（设计）开题；第六章外文翻译；第七章经管类毕业论文（设计）的写作；第八章经管类毕业论文（设计）的中期检查；第九章经管类毕业论文（设计）的答辩。本书既可作为普通本科院校和高职高专院校经济管理类专业学生毕业论文写作与答辩的主要参考，也可作为一般论文初写者阅读与学习的参考。

目 录

第一章 毕业实习

第二章 毕业论文（设计）选题

経管类本科毕业论文写作指导

第三章 毕业论文（设计）的文献收集

第四章 研究方法

第五章　毕业论文（设计）开题

第六章　外文翻译

第七章　经管类毕业论文（设计）的写作

第八章 经管类毕业论文（设计）的中期检查

第九章　经管类毕业论文（设计）的答辩

第一章　毕业实习

第一节　毕业实习的目的与要求

毕业实习是大学学习阶段重要的实践性教学环节之一，通过实习，学生将进一步了解社会，为就业打下基础；进一步加深对所学专业理论知识的理解，理论与实践相结合，培养学生解决实际问题的能力；通过相关专题调研，为写作毕业论文收集有关信息资料，打下基础。

一、实习目的

（1）学生深入企业进行调查研究，了解企业的经营管理过程，发现其存在的主要问题，力求寻求解决问题的措施和方案。使学生能够学以致用，提高学生分析问题、解决问题的能力。

（2）通过实习，撰写实习报告，学生可以系统地应用所学过的专业知识来解决企业实际问题。锻炼学生的专业知识应用能力和文笔表达能力，为撰写毕业论文奠定基础。

（3）教师通过指导学生的实习工作，会发现学校的理论教育与实践环节的脱节问题，不断调整教学体系，改善课程设置，对教师的教学能力及学生的就业能力有所帮助。

二、实习要求

（1）明确毕业实习的重要意义，积极联系实习单位，保证实习时间，圆满完成实习任务。

（2）采取分散实习的方式，学生自己联络实习单位，按实习要求，理论联系实际，严肃认真地参加和完成实习，并注意培养自己的能力。

（3）要求在实习过程中做到：遵守实习单位的各项规章制度；衣着得体，举止大方；珍惜机会，认真求教。

（4）虚心向实习单位工作人员请教，在条件允许的情况下，学生争取参加企业一部分实际工作，培养学生的独立工作能力。

（5）实习结束返校后，学生应提交实习证明、实习报告和实习记录。实习证明必须加盖单位公章，实习报告内容和格式见下文，实习记录每周至少一次。

第二节　毕业实习内容与实习报告

一、实习内容

毕业实习为第八学期的1~4周，学生在毕业实习期间，要了解实习单位某一职能部门情况，进一步就某一专门问题深入调研，写出专题调研报告。

二、实习报告

1.实习报告的写作程序

①精心选择材料。选择与调查主题有关的材料，注意材料点与面的结合，正面与反面材料的结合，一般材料与典型材料的结合，文字材料与数字材料的结合，口头材料与书面材料的结合。

②布局和拟定提纲。布局就是实习报告的表现形式，提纲的拟定过程就是将调查资料进一步分类、构架的过程。其构架原则是"围绕主题、层层递进、环环相扣"。注意提纲的逻辑性，纲目分明，层次分明。

③撰写报告成文。注意结构合理；文笔规范，具有审美性和可读性；通俗易懂，语言具有表现力，准确、鲜明、生动、朴实。

④修改报告和补充调查。检查引用资料的合理与正误；检查所用概念、所述观点是否明确；检查全篇报告是否言之有理，持之有据；检查报告的思想基调是否符合调查的目的和时代的要求；通读全篇，检查文字与语言的细微错误。如果发现资料不全面，及时作补充调查，不能用"替代"材料。

2.实习报告的写作要求

①叙述事实力求客观。

②文字通俗简洁。

③多选用数字或图表，尽可能直观、形象。

④引证来源可靠，力求准确。

3.实习报告的内容

实习报告的主要内容包括：

①实习单位的基本情况。实习单位名称；成立时间；企业经营现状、曾经经营的业务、现在经营的业务、主营业务等；员工情况；企业近期及未来的目标、发展方向、发展战略等。

②熟悉企业日常的行政性管理工作。同时选择企业某一职能部门展开调研，主要包括部门名称、组织结构、业务流程、与其他职能部门的关系和在企业经营中的地位、现存问题及原因分析。

③特别要选择一个与专业方向有关的某一专题进行深入调研，并撰写出"调研报告"（含提出问题、分析问题和解决问题三个方面）。

④根据该实习单位的实际素材撰写一份案例或分析报告。

4.实习报告的基本要求

实习报告不少于3000字，于第八学期毕业实习结束返校后一周内，与单位实习证明、实习记录手册一同上交。

第三节　毕业实习记录与实习证明

一、实习记录

在实习过程中，要求记录自身的所见、所闻、所感，结合自身所学知识体系提出个人见解，要求每周至少1篇，每篇字数不少于500字，并使用学校统一的实习记录本进行记录（必须手写）。

二、实习证明

在毕业实习完成后，由学生实习单位出具加盖单位公章的实习证明。实习证明参见学校统一实习证明模板，用B5纸打印后附在实习报告后。

第四节　毕业实习考核与成绩评定

一、考核内容

完成毕业实习，上交毕业实习材料，依据毕业实习完成情况、实习报告撰写规范情况、实习记录及实习证明等相关材料综合评定，实习成绩由指导教师在毕业实习结束1周后提交到系统。

二、考核标准

毕业实习成绩的考核主要包括三部分内容，分别为实习态度、实习报告和实习手册，划分为优秀、良好、中等、及格、不及格五个等级。未参加毕业实习，未提交实习证明、实习报告及实习记录等材料或毕业实习成绩不合格者不允许进入下一阶段的毕业论文（设计）工作，具体评定标准如下表所示。

表1-1 毕业实习成绩评定标准

成绩	评定标准
优秀	（1）毕业实习活动真实，实习报告观点明确、内容充实、结构规范、语言流畅、图表工整。 （2）理论联系实际加以综合运用，能够发现、分析和解决问题。 （3）报告中有独立见解，有创新点，在实践上有一定的指导意义。 （4）实习记录及时完成，日期完整、内容丰富、材料翔实，包含学习观察的体会和心得。 （5）内容完整，格式规范，在实习中表现出良好的社会适应能力、心理承受能力、组织协调能力、领导能力及与人沟通能力等，受到实习单位的好评。 （6）自觉遵守实习单位和学校的各项规章制度和保密制度，无违法违纪行为，定期向指导教师汇报。 （7）完成毕业实习工作量。
良好	（1）毕业实习活动真实，实习报告观点明确、内容较充实、结构较规范、语言流畅、图表工整。 （2）能够较好地运用理论知识，分析实际问题。 （3）能够对某一方面的问题提出改进意见或建议。 （4）实习记录较及时完成，日期较完整、内容较丰富、材料较翔实，包含学习观察的体会和心得。 （5）内容较完整，格式较规范，在实习中表现出较好的社会适应能力、心理承受能力、组织协调能力、领导能力及与人沟通能力等，受到实习单位的好评。 （6）自觉遵守实习单位和学校的各项规章制度和保密制度，无违法违纪行为，定期向指导教师汇报。 （7）较好地完成毕业实习工作量。
中等	（1）毕业实习活动真实，实习报告观点明确、内容较充实、结构较规范、语言较流畅、图表较工整。 （2）能够基本地运用理论知识分析实际问题。 （3）实习记录基本完成，日期较完整、内容一般、材料较翔实，包含一定的学习观察的体会和心得。 （4）内容完整程度一般，格式较规范。 （5）自觉遵守实习单位和学校的各项规章制度和保密制度，无违法违纪行为，定期向指导教师汇报。 （6）基本完成毕业实习工作量。

成绩	评定标准
及格	（1）毕业实习活动较真实，实习报告观点较明确、内容较充实、结构较规范、语言较流畅、图表较工整。 （2）能够基本地运用理论知识分析某些实际问题。 （3）实习记录能够完成，内容不够完整、材料较翔实，包含一定的学习观察的体会和心得。 （4）内容完整程度一般，格式一般。 （5）自觉遵守实习单位和学校的各项规章制度和保密制度，无违法违纪行为，定期向指导教师汇报。 （6）完成工作量，但工作不够认真。
不及格	有下列情况之一者，毕业实习视为不及格： （1）未按要求参加毕业实习活动，无法真实提交规定的实习材料及合格的单位实习证明者。 （2）参加毕业实习活动中，工作不认真负责，未完成工作量，没有按时提交合格的实习报告者。 （3）毕业实习过程中，因个人过失，给实习单位造成严重损失，并严重损害学校声誉者。 （4）毕业实习过程中严重违法乱纪者。

附录1　毕业实习报告模板

一、实习报告排版要求

纸型、页码及页边距

■纸型：B5，单面打印。

■页码：位于页脚居中，五号字，按阿拉伯数字连续编排。

■页边距：上2.54cm，下2.54cm，左3cm，右2cm。

■距边界：页眉1.5cm，页脚1.75cm。

■行距：多倍行距，1.3。

■装订：两个钉，左侧均匀装订。

字体及字号

■实习报告题目，三号宋体字，加粗。

■一级标题，四号宋体字，加粗。标题号用一、二、三等。

■二级标题，小四号宋体字，加粗。标题号用1、2、3等。

■正文主体部分，宋体小四号字。

二、实习报告模板

实习报告各级标题自拟，不受下面排版示例的限制。

大连工业大学

管理学院

毕业实习报告

专　　业：＿＿＿＿＿＿＿＿＿

班级学号：＿＿＿＿＿＿＿＿＿

学生姓名：＿＿＿＿＿＿＿＿＿

指导教师：＿＿＿＿＿＿＿＿＿

实习报告模板

简要介绍你所联系的实习单位的时间，实习单位的地点，实习内容。例如：××××年×月×日，我在××××公司进行毕业实习，了解了该单位的基本情况，现报告如下。（正文主体部分，小四号字，宋体）

一、实习单位概况

实习单位名称；成立时间；规模、组织结构、员工情况等。

二、实习单位经营现状

企业经营现状、曾经经营的业务、现在经营的业务、主营业务等；企业近期及未来的目标、发展方向、发展战略等；熟悉企业日常的行政性管理工作。

三、实习体会

四、成绩评定

教师评阅意见：
注意：该部分单独一页，置于报告最后（学生打印时把此行文字删掉）   教师签字： 年　　月　　日

成绩	□优秀　□良好　□中等　□及格　□不及格

附录 2 毕业实习证明

学生毕业实习证明

所在学院		专业	
学生姓名		班级学号	
毕业实习单位名称			

实习单位对学生毕业实习情况的意见（可加附页）

校外指导教师（签字）：

校内指导教师（签字）：

毕业实习单位公章：

- 年 月 日

第二章 毕业论文（设计）选题

第一节 毕业论文（设计）选题的基本要求

指导教师在毕业论文（设计）开始后即下达毕业论文（设计）任务书，并给出必要的任务要求，学生依据设计要求，合理安排毕业时间，做好选题准备。

在选题上应理论结合实际，注重应用性研究，以反映学生综合应用专业知识分析和解决实践问题的能力。题目确定上应避免题目涉及内容过宽、过大，注意词语的准确性，题目要精练，要明确说明研究什么问题，要注意应用理论研究具体实际问题，不作纯理论性问题研究。

一、选题基本要求

1.注重选题与专业的契合度

注重选题与专业的契合度，是选题需要注意的首要问题。确定选题前，作者需要对专业相关的理论知识进行系统钻研与总结，对其专业方向始终有明确把握，确保通过毕业论文的专项工作达到锻炼和提高自身专业素质的目的。

2.兼顾理论价值和实际意义

毋庸置疑，经济管理类的研究要突出学术性，但必须强调现实性，理论价值和实际意义是毕业论文选题同时需要兼顾的。也就是说，选择现实性较强的题目，还要考虑其有无理论和认识上的价值，即有无普遍性的意义，能否进行理论的分析和综合，从个别上升到一般，从具体上升为抽象；而理论性较强的题目，也要兼顾是否能对亟待解决的经济管理问题提供理论指引。

3.适应性原则

选择课题要充分考虑主观条件与客观条件，从实际出发，量力而行。主观条件主要从个人兴趣与爱好、知识水平和科研能力等统筹考虑。客观条件是指占有资料的充裕程度和指导教师的条件。实践证明，凡是勉强为之的题目，是不可能出好成果的。要么选题过大，过于空泛，要么选题过小，难以开展，达不到实际效果。

4.创新性原则

对于学士毕业论文而言，创新性是一个较高水平论文的质量要求。因为在有限的毕业设计时间里，在仅仅掌握最基本的专业知识的情况下，要完成一篇具有创新性的本科毕业论文，需要投入足够的时间和精力，才能对问题认识的广度和深度有充分的把握。当然，如果就某一问题或学术领域已经建立一定的研究兴趣，同时毕业论文选题也能够与自己的专业相结合，实现毕业论文的创新性也是完全有可能的。

总之，在毕业论文选题过程中，学生应根据自己的专业和兴趣爱好，尽量选择自己较为熟悉的题目进行写作，以便使自己能够较好地把握和驾驭，把问题探讨得清楚和透彻，并注意与指导教师积极沟通，以便及时答疑解惑和把握方向。

二、选题的注意事项

（1）公司管理者面临的专业相关实践问题。这里的实践问题是具体到一个实际单位的具体问题，而不是笼统地讨论某一管理问题的一般原则。例如，"怎么建设绩效管理体系"就不是一个合适的题目，而"××公司绩效管理体系设计"则更符合要求。

（2）具有可操作性。问题的解决方案的主要因素在企业/政府/机关事业单位层面，是论文的作者所能接触到的、切身感受到的、所能影响的，为非论文主体设计的政策建议一般不适合作为题目，例如，"经济衰退情境下政府如何解决人力过剩"不是一个合适的题目，而"××公司人才流失原因与对策"则更符合要求。

（3）行业报告一般不予采纳，可行性报告一般也不适合作为研究课题。扎实地分析一个行业，需要做大量的数据收集整理、宏观环境预测、竞争动态分析等工作，在论文规定的时间框架内很难保证论文质量；但一个真实完整的企业计划书或调研报告等可以作论文选题。

（4）通过实证或实验研究方法，进行理论研究是可行的。如"A公司员工培训满意度研究"，但仅仅是管理思想、管理理论方面的探讨则不被接受，如"现代人力资源管理薪酬管理理论探讨"。

（5）任何题目的选择都需要得到指导教师的认同，否则不予接受。

第二节　工商管理专业选题要求

一、选题方向简要介绍

工商管理专业本科学位论文选题，应主要围绕企事业单位的战略管理、营销管理、财务管理、人力资源管理、生产运作管理、创新管理等管理领域的实际问题展开，兼顾理论性、前瞻性，突出实用性和可操作性。学位论文的研究内容应具有应用价值，针对现实问题提出新观点或新见解，并能够体现一定的技术难度和工作量，以及作者综合应用管理理论、方法和技术手段解决企事业单位发展中的管理有关问题的能力。

选题可能设想：

1.品牌管理

①品牌塑造。

②品牌战略。

③品牌定位。

2.财务管理

①并购案例分析。

②财务报表分析。

③企业融资分析。

④盈余管理。

⑤财务风险。

⑥股权结构。

⑦会计信息。

⑧盈利能力分析。

⑨成本控制与内部控制。

⑩偿债能力分析。

3.战略管理

①发展战略。

②竞争战略。

③职能战略。

④竞争力。

4.营销管理

①4P营销策略。

②服务营销。

③促销策略。

④营销渠道。

⑤广告策略。

⑥体验营销。

⑦顾客满意度。

⑧消费者行为。

⑨网络营销。

⑩微信营销。

⑪客户关系。

⑫产品策略。

5.企业文化和伦理

①企业文化。

②企业社会责任。

③企业伦理。

6.创业管理

①创业计划书。

②创业意愿。

7.生产运作管理

①全面质量管理。

②精益生产。

③生产流程管理。

8.人力资源管理

①员工满意度。

②培训管理。

③薪酬管理。

④绩效管理。

⑤招聘管理。

⑥劳资关系。

⑦人力资源规划。

⑧职业生涯规划。

⑨员工激励。

⑩员工流失。

9.其他

①供应链管理。

②公司治理。

③大学生主观幸福感。

④大学生职业核心能力。

⑤公众幸福感。

⑥组织变革。

⑦商业模式。

⑧管理沟通。

二、论文的研究框架

①引言。

②理论综述。

③该研究对象的研究问题研究现状。

④对研究问题的分析。

⑤对策。

⑥结论。

三、选题方向的研究方法

①实证研究。通过客观地观察已经存在的各种社会现象，并最终通过数量化的表达方式说明社会现象的运行规律。

②推理。从命题出发，逻辑地推出另一个命题；推理分为归纳和演绎两类；归纳推理指从具体事实到抽象理论的过程，从数据或证据出发推出结论；演绎推理则是指从抽象理论到具体事实的过程。

③案例研究。案例研究是一种研究设计的逻辑，必须要考虑情境与研究问题的契合性；其中设计逻辑是一种实证性的探究，用以探讨当前现象在实际生活场景下的状况。

四、专业内代表性的论文选题名录

①西贝莜面村品牌塑造研究。

②郑州三全食品股份有限公司财务报表分析。

③大连九创装饰公司市场营销策略研究。

④农民工子女教育发展对策研究。

⑤方大集团股权再融资案例分析。

⑥凤凰传媒并购美国童书出版商案例分析。

⑦中荷人寿大连分公司的服务质量管理研究。

⑧兴隆大家庭商业集团企业文化建设研究。

⑨基于企业文化视角的宜家企业核心竞争力研究。

⑩审计意见与会计信息质量的关系研究——基于深市A股上市公司数据。

⑪英之杰建设工程（大连）有限公司发展战略分析。

⑫迪卡侬体育用品超市员工流失问题研究。

⑬创业板上市公司股权结构与公司绩效关系研究。

⑭创业板上市公司治理结构和融资结构研究。

⑮富士施乐（中国）有限公司环境伦理研究。

⑯青岛啤酒广告营销策略研究。

⑰金海湖壹号酒店服务营销策略研究。

⑱格兰仕集团家电营销战略管理分析——以微波炉为例。

⑲弘昌管理咨询公司创业策划书。

⑳当代大学生消费结构与消费行为探析——以大连工业大学为例。

㉑辽宁银珠集团全面质量管理研究。

㉒统一企业生产运作分析。

㉓高校大学生主观幸福感分析。

㉔恒昌小额贷款公司的组织变革研究。

第三节　国际经济与贸易专业选题要求

一、选题方向简要介绍

国际经济与贸易专业学士学位论文选题应围绕我国省市的国际经济、对外贸易以及地区和企业的国际商务、金融业务、投资与经济合作、国际竞争力、法律与争端解决等的实际问题开展。所选题目需体现作者能较好地掌握国际经济与贸易学科的基础理论、专门知识和基本技能。研究内容需具有实际意义，能够针对现实问题进行相关分析并提出解决方案，体现作者从事科学研究工作或担负专门技术工作的初步能力。论文需能体现一定的工作量。

1.选题可能设想

①对外贸易。

②贸易结构分析。

③服务贸易分析。

④贸易壁垒的影响。

⑤产业内贸易分析。

⑥双边（多边）贸易。

2.国际经济

①汇率变动与国际贸易。

②碳关税与国际贸易。

③汇率变动与产品出口。

④贸易与经济增长、收入分配。

⑤企业异质与产品出口。

⑥国际贸易与金融发展。

3.国际商务

①国际营销（出口）策略/策划。

②文化差异与企业国际营销。

③跨境电商的应用。

④出口渠道分析。

⑤支付方式应用及风险规避。

4.金融业务

①外贸企业融资。

②外汇风险管理。

③金融业务在外贸企业的应用。

5.投资与经济合作

①企业对外投资的区位分析。

②加工贸易转型分析。

③企业外包策略。

6.国际竞争力

①××产品出口竞争力。

②××产业国际竞争力。

7.法律与争端解决

①国际贸易与消费者权益。

②贸易代理与货代。

③出口退税制度与企业出口。

二、选题方向的研究框架

①引言。

②现状介绍。

③存在的问题/研究设计。

④影响因素/经验分析。

⑤结论与对策。

*国际营销策划的框架不在此列。

三、选题方向的研究方法

①系统分析。

②经济计量分析。

③调研统计分析。

④比较分析。

⑤案例分析。

四、专业内代表性的论文选题名录

（1）碳关税对广东省出口贸易的影响及对策。

（2）人民币实际有效汇率变动对中日产业内贸易的影响与对策。

（3）技术性贸易壁垒对青岛电子行业的影响与对策研究。

（4）外商直接投资对辽宁省经济增长贡献的实证分析。

（5）大连辛星塑料制品有限公司的出口风险分析与防范。

（6）偏离份额法下的辽宁省入境旅游市场结构优化对策。

（7）基于机电产品出口的大连市加工贸易转型升级策略研究。

（8）"丹东板栗"出口的影响因素与对策研究。

（9）大连机电产品出口竞争力分析与对策。

（10）辽宁机电产业国际竞争力分析与策略。

（11）大连金融服务贸易竞争力实证分析。

（12）辽宁兴隆百货国际化发展策略研究。

（13）八五七农场大米在俄罗斯市场的出口策略研究。

（14）大连华联食品有限公司水产品出口差异化策略研究。

（15）辽宁迈克集团活动板房国际营销策划。

第四节 人力资源管理专业选题要求

一、选题方向简要介绍

人力资源管理专业论文选题应围绕经济社会发展中人力资源领域的实际问题展开，研究内容必须具有应用价值，针对现实问题提出新观点或新见解，并能够体现一定的技术难度和工作量，以及作者综合应用科学理论、方法和技术手段解决社会发展中人力资源有关问题的能力。

选题应围绕管理中人力资源管理领域中存在的突出问题，兼顾理论性、前瞻性，突出实用性和可操作性。

选题可能设想：

1.人力资源战略及规划

①企业人力资源战略规划。

②人员的供给与需求预测。

③人力资源费用规划。

④员工职业生涯规划。

2.招聘

①人员招聘方案设计。

②企业人员招聘流程。

③招聘渠道选择。

④人员甄选方法。

⑤招聘评价标准制定。

⑥招聘效果评估。

3.培训

①企业人才培训。

②企业职业教育。

③企业培训模式。

④培训内容。

⑤培训方法。

4.绩效考核

①绩效考核方法比较。

②KPI绩效考核。

③平衡计分卡绩效考核。

④绩效考核方案设计。

⑤绩效考核指标设计。

⑥绩效考核结果应用。

5.薪酬

①薪酬方案设计。

②薪酬的影响因素。

③激励性薪酬设计。

④宽带薪酬设计。

⑤绩效工资设计。

⑥薪酬设计效果评价。

6.劳动关系及社会保障

①和谐劳动关系的构建。

②和谐劳动关系的影响因素。

③城镇及农村居民养老模式。

④城镇及农村居民社会保险模式改革。

⑤人口老龄化下的社会保障体系构建。

7.人力资源及劳动力

①人才队伍建设。

②农村人力资源优化。

③农村人才建设。

④劳动力转移（现状、规律、问题）。

⑤劳动力素质（与实现要求素质的差异）。

⑥剩余劳动力（出路、发展）。

二、选题方向的研究框架

①引言。

②理论综述。

③现状介绍。

④存在的问题/研究设计。

⑤影响因素/经验分析/方案设计。

⑥结论与对策。

三、选题方向的研究方法

①实证分析。

②规范分析。

③统计调查分析。

④比较分析。

⑤案例分析。

四、专业内代表性的论文选题名录

（1）大连山河工贸技术人员薪酬方案设计。

（2）农村人力资源开发现状与对策研究。

（3）辽宁省地方本科高校教师绩效工资研究。

（4）辽宁省和谐劳动关系的影响因素分析。

（5）青岛海信销售人员薪酬管理研究。

（6）辽宁农科公司销售人员面试评价指标设计。

（7）基于胜任力模型的大连三彩印刷生产经理招聘方案设计。

（8）辽宁省劳动关系和谐度评价指标设计。

（9）熊岳邮政营业人员组织忠诚度研究。

（10）凌源水产公司生产人员绩效考核方案设计。

（11）基于心理契约的某公司销售人员激励性薪酬方案设计。

（12）员工职业生涯规划问题及对策研究。

（13）山西农村信用社人力资源管理存在问题及对策研究。

第五节 物流管理专业选题要求

一、选题方向简要介绍

物流管理专业本科学位论文选题，应主要围绕对物流企业或企事业单位的物流管理相关领域中实际问题展开。兼顾理论性、前瞻性，突出实用性和可操作性。学位论文的研究内容应具有应用价值，针对现实问题提出新观点、新见解或是运用新方法、新模型，得出重要结论，并能够体现一定的技术难度和工作量，以及作者综合应用物流管理理论、方法和技术手段解决物流企业或企事业单位在物流发展中有关问题的能力。

选题可能设想：

1.物流管理

①物流现状。

②物流发展模式。

③物流发展对策。

④物流发展战略。

2.物流体系

①物流体系设计。

②物流信息系统平台设计。

③物流产业链体系研究。

④物流系统评价与优化。

3.物流中心

①物流中心构建。

②物流中心选址。

③物流中心布局与优化。

4.物流成本

①物流成本预算。

②降低物流成本对策。

③物流成本产销效率。

④物流成本效益分析。

⑤物流成本控制。

⑥物流成本管理。

⑦物流成本优化。

5.物流系统

①港口物流系统。

②物流系统构建与优化。

③物流系统评价。

④应急物流系统。

⑤物流系统规划。

6.运输管理

①运输成本。

②运输方式。

③运输效率评价。

④运输服务。

⑤运输线路优化。

7.仓储管理

①仓储管理对策。

②仓储优化。

③仓储管理。

④仓储系统。

⑤库存管理。

8.配送管理

①配送优化。

②配送中心选址。

③配送路径。

④配送模式。

⑤配送车辆调度。

⑥配送系统。

9.供应链管理

①供应链风险评估。

②供应链风险控制。

③供应商选择与评价。

④绿色供应链。

⑤供应链协调。

10.冷链物流

①冷链物流绩效评价。

②冷链物流发展对策。

③食品冷链物流。

④乳制品冷链物流。

⑤生鲜冷链物流。

⑥农产品冷链物流。

11.港口物流

①港口发展对策。

②港口竞争力。

③港口吞吐量。

④港口与经济协调发展。

⑤港口物流模式。

12.其他

①第三方物流。

②区域物流。

③物流园区。

④电子商务物流。

⑤物流金融。

⑥回收物流。

⑦逆向物流。

⑧绿色物流。

⑨物流外包。

二、选题方向的研究框架

①引言。

②研究对象简介。

③该研究对象的研究问题现状。

④对研究问题的分析。

⑤方法模型应用。

⑥对策。

⑦结论。

三、选题方向的研究方法

①实证研究。通过客观地观察已经存在的各种社会现象，并最终通过数量化的表达方式说明社会现象的运行规律。

②推理。从命题出发，逻辑地推出另一个命题；推理分为归纳和演绎两类；归纳推理指从具体事实到抽象理论的过程，从数据或证据出发推出结论；演绎推理则是指从抽象理论到具体事实的过程。

③案例研究。案例研究是一种研究设计的逻辑，必须要考虑情境与研究问题的契合性；其中设计逻辑是一种实证性的探究，用以探讨当前现象在实际生活场景下的状况。

④数学模型。数学模型是一种将数学理论与实际问题相结合的方法，它将现实问题归结为相应的数学问题，并在此基础上利用数学的概念、方法和理论进行深入的分析和研究，从而从定性或定量的角度来刻画实际问题，并为解决现实问题提供精确的数据或可靠的指导。

四、专业内代表性的论文选题名录

（1）本溪市佳宇物流公司应急物流方案研究。

（2）沈阳佐客连锁便利店配送线路优化及改进研究。

（3）大连鑫达超市供应商选择研究。

（4）大连鑫泰回收站废旧家电回收物流系统优化研究。

（5）基于禁忌搜索算法的本溪市平山区顺丰速运配送路径优化研究。

（6）基于排队论模型对丹东港航道通过能力的研究。

（7）基于指标满意度算法的沈阳西米快餐公司物流配送中心选址研究。

（8）奇瑞大连公司物流成本控制研究。

（9）基于风险分析的辽宁华锦集团危险品道路运输路径优化研究。

（10）基于层次分析法的胜大超市供应商选择研究。

（11）沈阳市福万家超市蔬菜配送中心选址。

（12）丹东曙光集团物流外包改进措施研究。

（13）基于灰色关联分析的旺角蔬果超市供应商绩效评价研究。

（14）海口港货物吞吐量预测研究。

（15）基于模糊综合评价法的营口利顺德货代有限公司转型问题研究。

（16）基于作业成本法的新邦物流成本控制研究。

（17）开原市新都超市库存控制现状及对策研究。

（18）基于博弈分析的本溪市平安物流有限公司物流服务定价研究。

（19）基于格序理论的锦程国际物流企业绩效研究。

（20）基于因子分析法的大连港毅都冷链有限公司竞争力研究。

第六节　信息管理与信息系统专业选题要求

一、选题方向简要介绍

信息管理与信息系统专业选题应围绕企业信息化建设、电子商务领域的实际问题展开，研究内容应具有实际应用价值，针对现实问题提出新观点或新见解，并能够从技术上予以实现，以及作者综合应用科学理论、方法和技术手段解决有关问题的能力。选题应围绕"信息系统""电子商务"，来源于企业信息管理和电子商务应用中存在的突出问题，兼顾理论性、前瞻性，突出实用性和可操作性。

选题可能设想：

1.信息系统建设

①信息系统分析与设计。

②信息系统设计与开发。

2.设计开发类

①基于开源的CMS的网站。

②APP开发。

③微信平台开发。

④基于UI的网页或APP产品设计。

3.数据挖掘

①大数据下的某个算法的具体应用。

②大数据下的某个案例的分析。

③企业Web数据挖掘。

4.网络营销类（特定企业）

①特定企业（产品）的网络营销（4P或7P）。

②微信营销。

③网络精准营销策略。

④新媒体（或SNS）营销。

5.商业策划

6.企业电子商务发展策略

二、选题方向的研究框架

1.信息系统建设

①系统概述（研究背景、研究目的、研究意义、国内外现状）。

②系统分析。

③系统设计。

④系统实施。

⑤结论。

2.开发类

①绪论（研究背景、研究目的、研究意义、国内外现状）。

②网站系统的规划和需求分析。

③总体设计。

④详细设计。

⑤实现。

⑥结论。

3.营销类

（1）特定企业网络营销策划：

①绪论（研究背景、研究目的、研究意义、国内外现状）。

②网络营销环境分析。

③SWOT分析和战略。

④网络营销策略。

⑤推广方法（网络营销活动策划）。

⑥结论。

（2）微信等具体类别营销：

①绪论（研究背景、研究目的、研究意义、国内外现状）。

②营销环境分析。

③微信（SNS）营销定位。

④组织架构。

⑤微信（SNS）营销内容策划。

⑥微信（SNS）营销实施。

• 开通公众平台账号（注册官方类微信、加盟类微信、销售类微信、客服类微信等）（SNS营销需明确使用的平台）。

• 添加客户分组（SNS营销分使用的平台介绍不同实施内容和步骤）。

• 素材管理。

• 群发消息。

• 实时消息。

• 线上推广。

• 线下推广。

⑦微信（SNS）营销预算。

⑧微信（SNS）营销效益。

4.商业策划

（1）执行摘要。

（2）市场分析。

（3）公司战略。

（4）××网站建设方案。

①网站概述。

②商业模式。

③网站架构。

④网站功能。

⑤网站建设。

（5）营销策略。

（6）财务分析。

（7）风险分析与解决方案。

结论。

5.企业电子商务发展策略

（1）绪论（研究背景、研究目的、研究意义）。

（2）企业电子商务现状。

（3）电子商务存在问题。

（4）同类企业电子商务成功案例分析。

（5）SWOT分析。

（6）企业发展电子商务建议。

结论。

三、选题方向的研究方法

①系统分析与设计方法。

②实证分析。

③统计调查分析。

④比较分析。

⑤案例分析。

四、专业内代表性的论文选题名录

（1）药房信息管理系统的系统分析与设计。

（2）工资管理系统的系统分析与设计。

（3）图书管理系统的系统分析与设计。

（4）薪酬管理系统的系统分析与设计。

（5）网上销售管理系统的系统分析与设计。

（6）超市销售管理系统的系统分析与设计。

（7）酒店管理系统的系统分析与设计。

（8）职工宿舍管理系统的系统分析与设计。

（9）校园卡管理系统的系统分析与设计。

（10）奖学金管理系统的系统分析与设计。

（11）职工考勤管理系统的系统分析与设计。

（12）软件开发管理系统的系统分析与设计。

（13）教务平台管理系统的系统设计与开发。

（14）住院管理系统的系统设计与开发。

（15）防疫站药品管理系统的系统设计与开发。

（16）租车管理系统的系统设计与开发。

（17）房地产销售管理系统的系统设计与开发。

（18）机票预订管理系统的系统设计与开发。

（19）旅行社管理系统的系统设计与开发。

（20）驾驶员培训学校管理系统的系统设计与开发。

附录 3 毕业论文（设计）任务书模板

大连工业大学

毕业论文（设计）任务书

20 届 管理学院 ×××专业

题 目：＿＿＿＿＿＿＿＿＿＿＿＿＿＿＿＿＿＿＿
副标题：＿＿＿＿＿＿＿＿＿＿＿＿＿＿＿＿＿＿＿

学生姓名：＿＿＿＿＿＿ 班级学号：＿＿＿＿＿＿＿
指导教师：＿＿＿＿＿＿ 职 称：＿＿＿＿＿＿＿
所在系：（除信管系外使用）
下达日期： 年 月 日 完成日期： 年 月 日

经管类本科毕业论文写作指导

题目类型	□设计 ☑论文 □其他	题目来源	☑企事业 □科研 □其他
题目性质	☑实际课题 □模拟		

课题简介：（包括选题依据、目标及意义等内容）

　　本课题来源于学生所在实习单位大连高登物流有限公司。拟在毕业实习的基础上，调研大连高登物流有限公司管理方面所存在的问题，结合所学专业知识提出解决方案，并进一步探讨整个货运代理业面临的问题，提出应对措施，该选题对解决目前货运代理业的共性问题具有一定的现实意义。

具体任务、内容及要求：

具体任务：

　　完成企业相关资料和文献资料的收集整理；完成开题报告一份；完成2万英语字符的本研究相关外文翻译一份；构思论文框架，撰写论文提纲；撰写论文一稿，论文二稿，反复修改定稿及上交打印稿。

内容：

　　从分析大连高登物流有限公司的现状入手，发现其所存在的管理问题，分析其产生的原因，给出相应的解决措施。

要求：

　　毕业论文参考文献不少于30篇，其中至少2篇外文文献，字数1.5万字以上；论点明确，富有独创性；论据翔实，富有确证性；论证严密，富有逻辑性；论文结构严谨，富有规范性；语言准确，表达简明；排版规范，符合标准；上交电子文档包括：实习报告、开题报告、外文翻译、任务书、毕业论文、答辩PPT、查阅参考资料等。

日程安排：预计工作量共12周

查阅资料及开题	第1周	进行论文修改	第6～8周
撰写论文提纲	第2周	定稿、打印、提交	第9～11周
完成论文初稿	第3～5周	毕业答辩及成绩评定	第12周

　　系（教研室）主任（签字）：＿＿＿＿＿　　教学院长（签章）：＿＿＿＿＿

大连工业大学

毕业论文（设计）任务书

201 届　　　管理学院　　　信息管理与信息系统专业

题　目：瓦房店市中心医院就诊管理系统分析与设计

副标题：＿＿＿＿＿＿＿＿＿＿＿＿＿＿＿＿＿＿＿＿＿

学生姓名：＿＿＿＿＿＿　　班级学号：＿＿＿＿＿＿＿

指导教师：＿＿＿＿＿＿　　职　　称：＿＿＿＿＿＿＿

所在系：＿＿＿＿＿＿

下达日期：　年 月 日　　完成日期：　年 月 日

经管类本科毕业论文写作指导

题目类型	☑设计 □论文 □其他	题目来源	☑企事业 □科研 □其他
题目性质	☑实际课题 □模拟		

课题简介：（包括选题依据、目标及意义等内容）

  本课题来源于学生所在实习单位瓦房店市中心医院。拟在毕业实习的基础上，调研瓦房店市中心医院就诊管理方面所存在的问题，结合所学专业知识提出解决方案，并进一步探讨医院就诊管理方面面临的问题，提出应对措施，该选题对解决目前医院就诊管理行业共性问题具有一定的现实意义。

具体任务、内容及要求：（包括资料搜集、基本内容、主要研究或设计方法及步骤、预期结论、外文资料翻译、中英文摘要及参考文献等要求）

具体任务：

  完成医院就诊管理系统、ASP.NET、数据库等方面相关文献资料的收集整理；

  完成开题报告一份；完成2万英语字符的相关外文资料的翻译；构思论文框架，撰写论文提纲；基于ASP.NET的医院就诊管理系统实现的分析与设计；撰写论文初稿，反复修改，提交初、定稿及打印稿。

内容：

  在对医院业务流程进行系统分析的基础之上，确定其信息需求，进而进行瓦房店市中心医院就诊管理系统的分析与设计。

要求：

  1.按要求参加毕业论文指导；

  2.毕业论文参考文献不少于30篇，其中外文文献至少2篇，字数1.5万字以上；

  3.论点明确，富有独创性；论据翔实，数据可靠；设计合理、论证严密；

  4.论文结构严谨，富有规范性；语言准确，表达简明；排版规范，符合标准；

  5.系统开发要求按照系统生命周期各时期明确分析设计，要求有一定深度；

  6.上交开题报告、外文翻译、任务书、毕业论文（设计）等电子文档存档。

日程安排：预计工作量共12周

查阅资料及开题	第1周	进行论文修改	第6～8周
撰写论文提纲	第2周	定稿、打印、提交	第9～11周
完成论文初稿	第3～5周	毕业答辩及成绩评定	第12周

系（教研室）主任（签字）：＿＿＿＿＿＿　　　教学院长（签章）：＿＿＿＿＿＿

第三章　毕业论文（设计）的文献收集

文献在毕业论文的写作过程中有着重要的作用，毕业论文在写作之前都需要进行前期的文献查找工作。因此，本章主要介绍如何查阅文献和进行文献检索、文献综述的内容等，供参考。

第一节　文献及常见文献分类

一、文献

什么是文献？在很多场合都会用到文献这个词，含义却不尽相同。例如"文献综述"和"文献研究"就是社会调查研究中经常用到的术语，但文献综述和文献研究中的文献却有着不同的含义，我们首先要作个区分。

文献综述中的文献指的是学术研究中可能用到的参考资料，如学术专著、期刊文章、会议论文和政府报告等；而文献研究中的文献概念的概念要更为广泛，它是指所有记录人类行为的资料，除了文献综述所包含的文献外，还包括如电影、报纸、小说、照片等各种媒体资料等。

文献综述也叫文献评论，是对到目前为止与某一研究问题相关的各种文献进行系统查阅、分类总结，并就与所拟研究题目的关联性进行评述。

查阅文献是毕业论文中的一项重要工作，当我们发现感兴趣的现象或问题时，通过查阅相关的文献，可以了解一定领域的研究状况，以便更好地进行课题选择，明确研究问题和进行具体的研究设计，当然，在定性研究中，查阅文献贯穿于研究的整个过程，帮助我们理清研究的思路，分析和解释收集到的资料。

二、文献分类

按照文献所属的不同书面形式，通常我们将文献分为学术专著、学术期刊论文、学位论文、政府文件、政策报告和会议论文等。

（1）学术专著。一般来说超过8万字的学术论文，可以称为学术专著。当然，大多数学术专著的字数可能还要更多些。学术专著是较为系统、全面地对某一个问题研究，比单篇论文更具有专业性。学术专著可以在图书馆或有关数据库中查找。

（2）学术期刊论文。学术期刊刊发的文献就是学术论文，而非学术期刊刊发的文献则种类多样，有文件、报道、讲话、体会、知识等，非学术期刊的文献只能作为文献研究的资料而不能作为文献综述的资料。学术期刊论文目前有专门的数据库收集，如"中国知网"的中国学术期刊网络出版总库基本上收集了国内所有的重要学术期刊文章。

（3）学位论文。是指为了获得学位，要求授予学位的人所撰写的论文。高等学校或研究机构的学生为取得学位，在导师指导下完成的科学研究、科学试验成果的书面报告就是学位论文。学位论文分类是根据《中华人民共和国学位条例》的规定，把学位论文分为学士论文、硕士论文、博士论文三种。这三种学位论文在内容、格式、工作量等方面有严格要求。学位论文在各高等学校图书馆的论文数据中可以查到。

（4）政府文件。是行政机关和各级党政组织在行政管理过程中形成的具有法定效力的规范文本，是依法行政和进行公务活动的重要工具。政府文件一般会公布在报纸上或政府机关的网站上。

（5）会议论文。在会议等正式场合宣读的论文。会议论文也属于公开发表的论文，一般正式的学术交流会议都会出版会议论文集。但如果会议论文没有出版一般比较难查找，只有找到会议的主办方才有可能查找到。

第二节 文献查阅方法

一、做好查阅文献的准备工作

在信息时代的今天，一篇毕业论文所涉及的相关文献往往数目巨大，查找文献是一项重要而又艰苦的工作。在浩如烟海的大量文献中，如何才能发现关键的主题、概念和理论呢？在文献检索之前，最好能和你的指导教师、同学等一起讨论研究主题，确定和你的研究主题相关的关键词有哪些，这些关键词可以帮助你引出所需要信息。另外，就是要有一个大概的文献查找的计划，因为研究者用于文献回顾的时间有限，所以需要有计划有步骤地进行。计划的内容包括查找资料的范围、数量、类型以及使用哪些工具进行查找；如查阅多少本书，多少篇文章，中文、英文各多少，去哪几个图书馆，哪个网站，如何做记录，包括文献来源索引、摘要和文献具体内容的记录等，还有时间安排等，制订计划可以使文献查找工作有条理、有步骤地进行。

二、开始查找

毕业论文最主要的文献来源有学术期刊论文、学术著作、学位论文、政府文件和会议资料等，从哪些文献入手查找呢？一般来说，学术期刊论文、报告等由于篇幅短小，重点突出，因此具有较好的时效性。阅读最新的学术论文、报告是把握该领域研究进展的最快和最有效的方法，在确定研究领域后再查找相关的学位论文，将毕业论文进行系统化设计。因此，我们要从学术期刊论文开始查找。

1.学术期刊论文

学术期刊论文是文献查找中最主要的部分。信息化时代网络的普及给学生查找学术期刊论文提供了极大的便利，研究者可以在办公室、学校图书馆等地进入中文期刊检索网站，输入关键词就可以快速检索出与自己研究问题相关的学术期刊论文。确定适当的关键词对于找到自己需要的文献很关键，关键词可以是研究课题中的主要概念、学科领域或相关的理论名称等。过于笼统的关键词会检索出太多的参考文献，使研究者无所适从，而过于具体的关键词则可能无法检索出足够的参考文献，而错误的关键词可能会使研究者误入歧途。所以，与指导教师讨论确定从哪个关键词着手查找很重要。一旦开始检索，很可能出现新的关键词，也许还是更好的，因此对已经检索过的关键词做好记录也是必要的工作。

具体而言，确定关键词要注意两点：一是要注意涵盖与课题相关的不同主题范围；如农村劳动力回流对农村社区的影响，回流劳动力对农村社区的影响有政治、经济、文化等方面，因此查阅文献时相关的主题或理论就有社区治理、回乡创业、人力资源开发、社会资本、社会网络等。二是注意对同一主题选择不同的关键词6~8个，如查找有关品牌管理的文章，可以用品牌管理、品牌策划、品牌发展等。

对于中文期刊，学生可以在学校图书馆内的电子资源里搜索，学校购买了部分文献的下载权限，如果有的期刊论文无法下载，我们可以直接利用"Google"、"百度"等搜索引擎，输入关键词查找，"Google Scholar"、"百度学术"就是非常好用的查找学术期刊文章的搜索引擎。

值得注意的是，学术期刊是大多数研究者传播新发现的场所，具有权威性和科学性，与非学术期刊不同。学术期刊也因领域和类型的不同而有所不同，有综合性的、有专业性的，有的以发表研究报告为主，有的以发表学术论文为主；而且同一领域，学术期刊的质量有所不同。因此，大家在查找期刊论文的时候还要注意其他方面的细节，如期刊名称、期刊类型、著者等，尽可能查找该领域范围内重要的、权威的文章。国内目前较权威的期刊可以参照北大中文核心期刊目录及南大核心期刊目录。

如果需要查找外文文献，可以通过Social Science Index（社会科学索引，简称SSI）查找。SSI收录了全世界最重要的英文社会科学期刊上发表的论文题目。此外，各社会科学专业学科还有专门的索引或具有索引功能的专门论文摘要期刊，如社会学中的Sociological Abstracts（社会学摘要）、Social Science Abstracts（社会科学摘要）等。首选的五大期刊数据库爱思唯尔ELSEVIER、EBSCO数据库、Springer（德国施普林格）、Emerald、AGE Premier等。

2.专著

与研究领域相关的专著能为研究者提供相对全面系统的知识和理论，学术专著的查找主要是在图书馆进行的。每个图书馆都按图书分类法把各学科的书籍分类编排。通常在大学、研究机构的图书馆和国家图书馆一般都有专门的计算机检索工具，我们可以通过"书名"、"作者"、"主题词"、"检索号"等关键字段进行检索，查询到了以后再进行借阅。目前有很多图书馆还开办了馆际互借的业务，使读者查找借阅资料更为方便。

3.学位论文

各高等院校和研究机构的硕士、博士学位论文可以通过中国学术期刊网进行检索，检索的方法和学术期刊的方法是一样的，但由于各高校所拥有的学位论文资源不同，所以研究者在检索完毕后，可以选择到相应的高校购买，当然有很多检索网站的数据库也收录了学位论文，如中国知网就有中国优秀博士学位论文全文数据库、中国优秀硕士学位论文全文数据库。

4.政府文件

政府文献的查找和收集相对困难，原因是这些文献有些并不公开发表，研究者可以自己通过相应的中央、地方政府网站收集，也可以到当地政府部门、档案馆进行收集。

5.会议论文和政策报告

会议论文和政策报告，相对政府文件容易收集一些，政策报告一般都会公开发表，我们可以到政府网站进行收集，有的还可以到新华书店购买。研讨会论文，我们可以在会议论文检索网站进行检索和下载。例如中国知网、万方数据库等都有专门的会议论文数据库，可以查找到各种会议论文。

其他相关文献资料还包括各种统计年鉴、统计资料、资料手册等通常国家有关部门出版的统计资料和年鉴是我们探索某一研究问题的宏观依据和背景资料。我们可以利用网络来查找相关资料。例如进入中华人民共和国国家统计局的网站（http://www.stats.gov.cn），可以查找国家有关人口、经济社会发展的统计资料；如果想查找有关农业发展政策，可以进入农业部网站（http://www.moa.gov.cn）；如果想查找有关社会经济的新闻，可以进入新华网（http://www.xinhuanet.com）。

另外，通过文献来查找文献也是一种很好的方法，如我们研究乡村治理，发现一本这方面权威的专著或论文，那么我们可以从书或论文后面列出的参考文献入手，查阅相关的乡村治理文献，从中很可能发现重要的文献。

三、对文献进行挑选

在大量的文献面前，我们需要做出一个分类：哪些资料是可以大致浏览的，哪些资料是必须详细阅读的。那么，怎样挑选有用的文献呢？我们可以考虑以下三个因素：一是研究的相关性，所选的文献必须和你的研究课题密切相关，关系不紧密的可以省去不读或大致浏览一下。二是发表的时间，要挑选发表或出版的时间更近的。一般来说，在其他方面的情况差不多时，近期的资料学术价值更高一些。三是作者的学术地位。一般来说，作者的学术地位越高，文章的权威性越高。四是根据刊物和出版社来选择，要选用学术刊物上发表的论文、研究报告，不用一般报刊上的文章。

四、阅读文献和撰写文献综述

挑选好文献，就开始阅读文献和撰写文献综述。阅读和分析文献要注意做好笔记，一方面对主要的概念、重要的研究发现、研究方法、对未来研究的建议等要做好记录；另一方面对每个文献记录的出处要做好索引，以便于日后引用时方便查找。在阅读文献的时候要特别注意文献中所涉及的研究的理论框架和研究背景、主要的研究结论，注意已有研究所使用的研究方法，包括研究对象、抽样设计、样本选择、资料分析等，在文献综述和日后的研究中很可能会用得到。

第三节 文献综述

一、文献综述的含义

当你选择确定了研究题目后，接下来的工作便是要到图书馆里去搜索相关文献资料，其结果将以文献综述的形式加以反映。文献综述不应只是对文献的简单罗列，而应该是对某一专业课题前人研究成果的归纳和整理，并尽可能加以评述。

文献综述是针对某一研究领域或专题搜集大量文献资料的基础上，就国内外在该领域或专题的主要研究成果、最新进展、研究动态、前沿问题等进行综合分析而写成的、能比较全面地反映相关领域或专题历史背景、前人工作、争论焦点、研究现状和发展前景等内容的综述性文章。"综"是要求对文献资料进行综合分析、归纳整理，使材料更精练明确、更有逻辑层次；"述"就是要求对综合整理后的文献进行比较专门的、全面的、深入的、系统的评述。

文献综述是重要的，因为没有它，你就不会理解前人对此课题已经做了哪些工作，怎样对它进行研究的，它的关键问题是什么。这可使你避免重犯前人犯过的错误，或者重复前人已经做过的工作，还会使你洞察到你的题目中一些也许值得详细探讨的问题。

文献综述为研究者提供了一个方便的导引，因而成为众多研究的奠基石。它使研究者能够紧跟该领域研究的前沿。文献综述的深度和广度，一定程度上决定了研究者在该领域从事研究的成果水平。

二、文献综述的功能

文献综述的功能主要有四个：

（1）说明你的课题为何值得去研究。

（2）给读者提供一个与课题有关的文献的简介和最新讨论。

（3）提供与课题相关的概念和理论背景。

（4）讨论同一课题或相近课题上已经开展的相关研究。

三、文献综述的写法

文献综述并非是别人研究成果的简单罗列，它需要作者进行必要的遴取和提炼，并按照一定的格式重新梳理归类。文献综述可以是对该研究课题相关争论的理论演进的描述，也可以是对传统资料的一种新的提炼或新旧资料的重新组合。切记不要把你读到的每一篇文献的相关观点进行简单的罗列，而是应该按照它们各自的观点、研究问题的不同等综合起来加以表述。

对于相同问题的研究成果可以归集在一起。或许它们依据的基本理论是一致的，可是因为研究的视角不同，就可以分别归纳出不同的解决之道。文献综述应该透过这些研究成果来说明某一研究趋势，而不是支持或反对某一种观点。比如，如果拟研究的主题是"企业集团的绩效考核"问题，目前理论界的主要观点有五种，则分别将这些观点的重要代表人物及其观点用"×××（2017）认为"的形式加以表述，括号里的数字表示其文章发表的年份。

四、文献综述的内容

文献综述的写法一般无固定格式。文献综述在逻辑上要合理，可以按文献与毕业论文（设计）主题的关系由远而近进行综述，也可以按年代顺序综述，也可按不同的问题进行综述，还可按不同的观点进行比较综述。总之要根据毕业论文（设计）的具体情况撰写，对毕业论文（设计）所采用的全部参考文献分类、归纳、分析、比较、评述，应特别注意对主流、权威文献学术成果的引用和评述，注意发现已有成果的不足。

文献综述的最后部分，一般应对前文内容从整体上作出简明扼要的总结，重点说明对毕业论文（设计）具有启示、借鉴或作为毕业论文（设计）

重要论述依据的相关文献已有成果的学术意义、应用价值和存在的不足，提出自己的研究目标。

对综述中所引的文献应标明出处，它不仅表示对被引用文献作者的尊重及引用文献的依据，而且也为评审者审查提供查找线索。参考文献的编排应条目清楚，查找方便，内容准确无误。

五、文献综述写作注意事项

文献综述写作前，首先应该明确自己的研究领域。研究领域过泛或者过窄都有可能影响最后的论文写作。研究领域过泛，会使你需要阅读的文献量过多而且复杂，搞不好将影响毕业论文的如期完成；研究领域过窄，有可能让你找不到更多有价值的参考资料。这时你倒是需要冷静地思考一下，别人为什么不选这样的题目？如果你把原因归结为自己比别人聪明，那就大错特错了！多数情况下可能会是你的方向选错了。

其次，要留意你找到的文献资料有没有过时，尤其是数据方面，因为如果不能够把握最新的研究前沿，你的文献综述质量将大打折扣，直接会影响你的毕业论文的质量。

最后，应该尽量避免直接引用别人研究成果中的原话，那将会使文献综述冗长乏味，应该更多地用自己的语言概括别人的观点，并且论述中也要有理有据。

第四章 研究方法

第一节 研究方法及其分类

一、研究方法

研究方法，哲学术语，是指在研究中发现新现象、新事物，或提出新理论、新观点，揭示事物内在规律的工具和手段。这是运用智慧进行科学思维的技巧，一般包括文献调查法、观察法、思辨法、行为研究法、历史研究法、概念分析法、比较研究法等。研究方法是人们在从事科学研究过程中不断总结、提炼出来的。由于人们认识问题的角度、研究对象的复杂性等因素，而且研究方法本身处于一个在不断地相互影响、相互结合、相互转化的动态发展过程中，所以对于研究方法的分类目前很难有一个完全统一的认识。

二、研究方法分类

1.宏观分类

根据研究活动的特征或认识层次，可以分为经验方法和理论研究；根据研究对象的规模和性质，可以分为战略研究方法和战术研究方法；以研究方法的规则性为依据，可以分为常规方法和非常规方法；按方法的普遍程度不同，可以分为一般方法和特殊方法；根据研究手段的不同，可以分为定性研究方法和定量研究方法。

2.具体分类

毕业论文的写作方法有很多种，依据学科的要求来选择合适的研究方法，在此列出常用的一些研究方法，供大家参考。

①调查法。调查法是科学研究中最常用的方法之一。它是有目的、有计划、有系统地搜集有关研究对象现实状况或历史状况的材料的方法。调查方法是科学研究中常用的基本研究方法，它综合运用历史法、观察法等方法以及谈话、问卷、个案研究、测验等科学方式，对教育现象进行有计划的、周密的和系统的了解，并对调查搜集到的大量资料进行分析、综合、比较、归纳，从而为人们提供规律性的知识。调查法中最常用的是问卷调查法，它是以书面提出问题的方式搜集资料的一种研究方法，即调查者就调查项目编制成表式，分发或邮寄给有关人员，请求填写答案，然后回收整理、统计和研究。

②观察法。观察法是指研究者根据一定的研究目的、研究提纲或观察表，用自己的感官和辅助工具去直接观察被研究对象，从而获得资料的一种方法。科学的观察具有目的性和计划性、系统性和可重复性。在科学实验和调查研究中，观察法具有如下几个方面的作用：第一，扩大人们的感性认识；第二，启发人们的思维；第三，导致新的发现。

③实验法。实验法是通过改变变量、控制研究对象来发现与确认事物间的因果联系的一种科研方法。其主要特点是：第一，主动变革性。观察与调查都是在不干预研究对象的前提下去认识研究对象，发现其中的问题。而实验却要求主动操纵实验条件，人为地改变对象的存在方式、变化过程，使它服从于科学认识的需要。第二，控制性。科学实验要求根据研究的需要，借助各种方法技术，减少或消除各种可能影响科学的无关因素的干扰，在简化、纯化的状态下认识研究对象。第三，因果性。实验是发现、确认事物之间的因果联系的有效工具和必要途径。

④文献研究法。文献研究法是根据一定的研究目的或课题，通过调查文献来获得资料，从而全面地、正确地了解掌握所要研究问题的一种方法。文

献研究法被广泛用于各种学科研究中。其作用有：第一，能了解有关问题的历史和现状，帮助确定研究课题。第二，能形成关于研究对象的一般印象，有助于观察和访问。第三，能得到现实资料的比较资料。第四，有助于了解事物的全貌。

⑤实证研究法。实证研究法有狭义和广义之分。狭义的实证研究方法是指利用数量分析技术，分析和确定有关因素间相互作用方式和数量关系的研究方法。狭义实证研究方法研究的是复杂环境下事物间的相互联系方式，要求研究结论具有一定程度的广泛性。广义的实证研究方法以实践为研究起点，认为经验是科学的基础。广义实证研究方法泛指所有经验型研究方法，如：调查研究法，实地研究法，统计分析法等。广义的实证研究方法重视研究中的第一手资料，但并不刻意去研究普遍意义上的结论，在研究方法上是具体问题具体分析，在研究结论上，只作为经验的积累。鉴于这种划分，我们将实证研究区分为为数理实证研究和案例实证研究。

⑥定量分析法。在科学研究中，通过定量分析法可以使人们对研究对象的认识进一步精确化，以便更加科学地揭示规律，把握本质，理清关系，预测事物的发展趋势。

⑦定性分析法。定性分析法就是对研究对象进行"质"的方面的分析。具体地说，是运用归纳和演绎、分析与综合以及抽象与概括等方法，对获得的各种材料进行思维加工，从而去粗取精、去伪存真、由此及彼、由表及里，达到认识事物本质、揭示内在规律。

⑧个案研究法。个案研究法是认定研究对象中的某一特定对象，加以调查分析，弄清其特点及其形成过程的一种研究方法。个案研究有三种基本类型：第一，个人调查，即对组织中的某一个人进行调查研究；第二，团体调查，即对某个组织或团体进行调查研究；第三，问题调查，即对某个现象或问题进行调查研究。

第二节 研究方法的选择

一、研究方法的使用

任何一项研究都离不开方法的支撑。没有研究方法的科学研究是不存在的，没有研究方法，其研究就成了无源之水、无本之木，就不是真正的研究。因此，要想做好研究工作，取得一定研究成果，必须使用一定的研究方法。

1.在研究计划、研究报告、学位论文中明确提及使用何种研究方法

在研究计划、研究报告、学位论文等研究成果中，明确把自己的研究方法提出来，这样做至少有两个作用。其一，可以增加成果的可信度和可行性，以利于读者审核、检验；其二，可以为以后做相关课题或项目的研究人员提供参考，进而有利于研究工作的可持续发展。无论论文还是研究报告，或者是硕士学位论文、博士学位论文，在论文的摘要中都要用一定的篇幅来对自己的研究方法进行描述，清楚地表达对研究数据的处理过程、对论证材料的组织和加工、对理论运用和实践活动的思考。可以说，没有研究方法的论文是不符合要求的，没有明确提到使用何种研究方法的论文是不完整的。

2.根据各学科、各课题的特点、性质、对象选择的研究方法

从方法论的角度来看，方法是有层次性的，不同层次的方法有其特定的应用范围和应用对象。在从事具体的科学研究时，研究人员首先要了解所在学科及研究课题的特点、性质和研究对象，然后有针对性地选择相应的研究方法。例如在经管类专业的具体实践研究中，通常会用到抽样调查法、访谈法、问卷法等来进行相关调查获得相关资料，然后利用统计方法、分类方法等对数据进行处理，最后借助数学方法推出模型或者得出实质性的结论。

3.根据研究方法和研究内容的一致性程度选择的研究方法

研究方法是人们从大量的认识和实践活动当中形成的，特别是直接产生在实践基础上的认识活动中所获得的结果——知识。因此，研究方法通常是要与一定的研究内容相适应的，也就是与研究内容有一致性的问题。研究方法与研究内容的关系可以比拟成主观与客观的关系，研究方法是人们在以实践为基础上形成的主观意识，而研究内容是客观存在的。在一种具体方法使用的过程中，研究者既要对研究方法的"性能"有充分的认识，也要对研究内容的特点有所把握，以避免研究方法与研究内容的"互斥"。例如社会观测方法是以社会为其研究内容的，而自然观测方法则是以自然界为其研究对象。它们之间有相通之处，如都有其客观感性形式和客观规律可寻。但由于社会是由有意识、有目的活动的人组成的，而自然界则由无意识的自然存在物构成，两者不能简单等同。从介入程度来看，观测者只能从外部来观测自然现象；而在社会观测过程中，观测者从事社会调查，往往要深入到观测对象中。从时态特点来看，自然观测大多是在共时态意义上进行的；而社会观测除了作共时态的静态观测外，还需要进行历时态的动态观察。从价值特性来看，自然观测中，观测主体容易保持价值中立；而社会观测中，主客观双方互相缠绕，观测活动往往具有非中立价值性。从环境调控角度看，在自然观测中，实验的条件往往可以严格控制；而社会观测中，实验具有非完全受控性。

二、研究方法选择的依据与类型

在选择具体的研究方法之前，可根据研究的内容确定研究的性质，即课题属于现状研究、比较研究，还是发展研究。根据研究内容的性质就能够初步确定选择研究方法的方向。

（1）现状研究类课题，一般可采用观察法、调查法和测量法。

例：大连市跨境电商企业竞争力研究

调查法：首先就中心课题设计调查问卷或访问提纲，然后将已确定的被调查对象分类，进行现状调查并做详细记录，探索相互关系，并进行发展变动的调查，追根溯源，总结出大连市跨境电商企业的经营特点。

具体操作：采取中外文献对比法、抽样调查、普遍调查、典型调查和重点调查等各种方法并用的综合方式进行。特别要注意的是，必须使被调查者能充分、默契地配合调查。

从研究内容看，该课题属于现状研究，如何客观地了解现状，准确地发现问题和规律，是此项研究的根本目的。因此，选用观察法、调查法和测量法比较恰当。观察法有利于客观地描述研究对象的真实表现，只是研究的范围可能受到局限，研究结果会缺乏一般性。调查法可以用相同的问题同时面对更大的群体，弥补了观察法的不足。反之，观察法也补偿了调查法中研究者的主观性的局限。测量法是更为科学的调查，不过它要立足于观察和调查的基础之上，同时需要相关的理论与技术（如教育统计、测量技术等）的支持。

（2）比较研究类课题分两种情况：如果是因果比较，一般采用实验法；如果是相关比较，可采用调查法、测量法等。

例：营商环境省际差异与扩大进口——基于30个省级横截面数据的经验研究

利用我国30个省级横截面数据,检验了各省营商环境细分指标与进口之间的关系。检验结果表明,各省商业机构开业时间的缩短对扩大进口有显著而积极的影响,而且在控制了交通便利程度、通讯便利程度、外企人力资本、政府干预行政成本、地理气候等相关变量后,上述结果仍然显著,表现出相当的稳健性;开业成本、执行合同成本和执行合同时间等指标均不显著,这进一步凸显了开业时间指标的重要性。因此,我国要在较短时间内迅速扩大进口并非易事,必须注意优化各省特别是中西部各省的营商环境,但不是对营商环境中的所有细分指标同时进行改革,而是应有取有舍,重中之重是提高政府效率,以缩短商业机构开业行政审批时间。

该课题主要研究省际之间在营商环境上存在的差异，因此，需要了解调查各省份的营商环境的基本情况，然后做出比较分析，进而找到营商环境与进口之间的关系，提出有针对性的解决对策。因此，进行比较的前提是科学的调查，如果使用科学的量表，通过测量支持研究，会使课题研究更加科学和准确。

（3）发展研究类课题，主要研究某一现象随着时间变化而表现出的特征和规律，从而推断未来某一时期的发展趋势与动向，一般可采用文献法、调查法、个案研究法等。

例：世界战略性新兴产业的发展趋势对我国的启示

课题首先在纵向上依据时间顺序，按照不同的历史阶段，对战略性新兴产业的发展特点进行介绍。在横向上，从发展动力、发展目标、发展模式、发展主体和发展格局等五个角度系统考察了世界范围内战略性新兴产业的发展趋势与特征，分析美国、欧盟各国、日本、韩国、巴西、印度、俄罗斯等主要国家的产业发展状况。之后，归纳了各国在产业发展过程中所制定的国家战略、发展目标和针对性政策。课题通过纵横两个方面的研究，使研究成果既有宏观的历史图景，又有微观的具体案例；既有表象的叙事描述，又有深入的理性分析，全面而深刻地解释了世界战略性新兴产业的发展趋势，在此基础上，提出出台国家战略，超前部署发展重点等五个方面的启示。

三、主要方法及其应用

常用的研究方法有：调查法、比较法、实验法、文献法等。

1.调查法及其应用

调查法是论文写作过程中最常用、最有效的方法之一。它通过对原始素材的观察，有目的有计划地收集研究对象的材料，从而形成科学认识的一种研究方法。

这种研究方法包括问卷、访谈、观察、测验等不同的具体方法，程序上虽各有侧重，但一般应遵循如下几个步骤：

①调查前的准备工作。确定调查内容→选取调查对象→拟写调查提纲→制订调查计划（含内容和目的、对象和范围、地点和时间、人员分工和调查报告完成的日期）。

②实际调查，搜集资料（资料包含两类：书面资料和口述资料）。

③整理资料（叙述的材料，要用文字加以整理；数量的材料，则要用数学统计法加以整理）。

④撰写调查报告。

下面着重介绍调查法中最为常用的两种具体方法。

①问卷调查法。问卷调查法是以书面提出问题的方式搜集资料的一种研究方法。所谓问卷，是设计一组与研究目标有关的问题，通过调查对象的回答来搜集人们对所调查问题的意见、态度等方面的资料。

问卷的类型分为封闭式和开放式。

封闭式问卷是把问题的答案事先加以限制，只允许在问卷所限制的范围内进行挑选。它包括以下问题形式：

A.选择式。该式问卷把问题设计成多种答案，要求被调查对象从多种答案中挑选最合适的一个或几个答案（有点像应试考卷中的单项、多项选择题）。

示例：关于青少年心理方面的调查

你认为你的心理压力主要来源于：

a.亲戚　　　　　b.父母　　　　　c.老师　　　　　d.同学或朋友

B.是否式。该式问卷把问题可能性答案列出两种相矛盾的情况，要求被调查对象从中择一，"是"还是"否"，"同意"还是"不同意"。

示例：关于WTO的问卷调查

你是否知道WTO的有关事宜？

a.知道　　　　　　　　　　b.不知道

C.划记式。该式问卷要求调查对象按照问题的要求，在答案同意或不同意上分别作记号"√"或"×"。

示例：关于造成青少年犯罪的社会原因的调查

请根据你的理解，在符合你的情况处画"√"，在不符合你的情况处画"×"。

打游戏机不会引导青少年犯罪。（　　　）

开放式问卷由自由作答的问题组成，是非固定应答题。它提出问题不列可能答案，由被调查者自由陈述。就题型讲，可以是填空式的，也可以是问答式的。

②访谈调查法。访谈，是指调查者通过与调查对象面对面谈话来了解情况、搜集资料的一种调查方式，即以口头形式，根据被询问者的答复，搜集客观的、不带偏见的事实材料的研究性交谈。

访谈可以个别访谈，也可以开小型座谈会，有正式的，也有非正式的。所谓正式的访问，是要求有一定的组织手续，严格按照预先拟定的计划进行；非正式访问，则是指调查者和被访问者在日常接触中，在自然气氛或自然环境中进行的谈话。

访谈，不仅是调查者与被访问者之间的语言交流，而且是两者感情的沟通，它是一种艺术，一种技巧。然而处在实施过程中的较多数同学初访时并没有意识到这一点。他们肤浅地认为访谈是一件轻而易举的事，外出访谈时，只是怀着一种好奇的心理，蜂拥而出。结果，不是因找不到地点，在外面毫无目标地东奔西跑，就是因事先未加以联系，即使找到了地址也被拒之于大门之外；更有甚者，好不容易进了门，话题刚开了个头，便卡了壳，大家面面相觑，欲语不能，真可谓"高兴而去，败兴而归"。究其原因，乃是同学们不知道如何进行访谈。

如何进行访谈呢？最重要的是访问者在进行采访前必须制定访谈提纲，明确本次访谈所要达到的目的；其次要有"虚心请教"的态度，采取"共同讨论"的方式，贵在"感情的交流"。具体操作应注意以下两点：

第一，应做好访谈前的准备。这种准备工作首先是针对采访者自身而言的，其次是指访谈条件的准备。

自身准备指的是访谈内容上的准备和访谈形式上的准备。在开始采访前，采访者要对所要了解的内容认真设计，以避免采访时提的问题不着边际，达不到预期目的。在访谈形式方面，为了给被采访者留下一个好的印象，保证访谈的成功进行，采访者应做到"三注意"：一是注意衣着，要整洁、大方、得体；二是注意语言，语言除了清楚、明白地表达之外，还要朴实、礼貌、文明；三是注意举止仪态，举止仪态必须端庄、稳健。也就是说，采访时，决不轻浮、装腔作势，既不可出现自己平时一些不良的习惯动作，也不可过于拘谨、手足无措。

访谈条件的准备则是指要注意做好访谈前与采访者的联络工作。即先落实好采访者，受访的时间、地点，使受访者也有一个准备，避免做"不速之客"。

第二，应注意访谈的技巧。

访谈是否能顺利地进行，不仅取决于事前能否做好充分准备，还要取决于采访者能否注意访谈的技巧。访谈的技巧，一是要善于启发引导，培养气氛；二是要善于察言观色，临机应变；三是要善于辞令，发问有方，直接法、间接法及迂回法交替使用。

2.比较研究法及其应用

任何事物都是相比较而存在的。有比较，才有鉴别；有鉴别，才有认识。比较研究，是论文写作过程中常用的一种研究方法。

何谓比较研究？比较研究是确定对象间异同的一种逻辑思维方法，即根据一定的标准，对某种事物的客观现象在不同情况下的不同表现，进行比较分析，从而找出客观事物的普遍规律及其特殊本质，力求得出符合客观实际结论的方法。

比较法的种类很多，根据以下分类标准，可以归纳为三类：

①纵向比较和横向比较。纵向比较，是比较同一事物在不同时期内的发展变化。它强调的是事物的发展过程，按时间序列的纵断面展开的研究，以动态观点来研究现状，从而提示其历史演化性，以弄清其发展的来龙去脉。横向比较，是对同时存在的客观事物进行比较。它是按空间结构的横断面展开的，强调的是从事物的相对静止状态中研究事物的异同，分析其原因。

以上两种比较研究是根据比较对象历史发展和相互联系而分的。

横向比较示例：肉松的市场销售状况之比较（就某一华联超市）

"倪德牌"肉松：价格比较低廉，便于日常食用，销售尚可。

"新东阳"肉松：口感好，包装考究，但价格过高，销售平平。

"太仓牌"肉松：以其悠久的历史和过硬的品牌立于不败之地。礼盒装多用于送礼宴请，简易装多用于日常食用，价格尽管偏高，但销售稳居超市第一。

②同类比较研究与异类比较研究（类比与对比）。同类比较研究，是比较两种或两种以上同类事物而认识异同点的方法。同类相异点进行比较，可以发现事物发生发展的个性，同类相同点进行比较，可以发现事物发生发展的共性。异类比较研究，是比较两种或两种以上性质相反的事物或一个事物的正反两方面，而发现异中之同，找出其共同规律的方法。这种比较的特征是反差大，效果显著，有利于鉴别和分析所比较的客观事物。

以上两种比较研究是根据事物之间存在差异性和同一性而分的。

③定量分析比较与定性分析比较（量比与质比）。定量分析比较是对事物属性进行量的分析以判断事物发展变化的比较方法，定性分析比较则是指通过事物间本质属性的比较来确定事物性质的比较方法。二者结合，能使比较的内容更加清晰，比较的结论更加正确，比较的效果更加显著。

以上两种比较是根据所有事物都是质和量的统一的观点而分的。

在这里特别指出，学生在研究过程中，往往急于找出事物的本质属性，普遍存在着轻视定量分析研究而重视定性分析比较的倾向，殊不知没有量就没有质，客观事物总是由量变而引起质变的。

运用比较研究的基本步骤是：

①选定比较主题。其基本含义是：根据研究内容确定比较的内容，限定比较的范围，并按比较主题统一比较标准。这一步是进行比较研究的前提，也是比较的依据和基础。

②广泛搜集、整理资料。通过各种渠道、各种方法，尽可能客观地搜集研究内容的有关资料，并根据课题目标对资料进行梳理、分类、归纳。

③进行比较分析。这一步是比较研究的重要环节。这一过程必须是对搜集、整理后的资料进行诠释、分析和评价。诠释应抓住属性；分析应由初步到深入，注意相比较事物间的内在联系和全面性；评价应注意客观性。

④得出比较结论。这里的结论自然是指通过论证后所得出的结论。

运用比较研究的基本要求是：比较的对象应有一定的内在联系，同一范围，统一标准，条件相同（即注意事物之间的可比性）；比较要从多方面进行，反复进行，切忌片面，单一（即注意比较的广泛性）；比较不但要比较事物的现象，更重要的是要比较事物的本质，透过现象看本质，从而做出比较正确的结论。

3.实验法及其应用

实验法是学生根据课题研究的内容需要，利用一定的设备和材料，通过控制条件的操作过程，引起实验对象的某些变化，从观察这些现象的变化中验证课题内容或获取新知识的一种研究方法。

实验研究法的全过程为准备—实施—总结这三个基本阶段。各阶段的具体步骤为：

①实验的准备阶段。选定实验研究的课题，形成研究假说→明确实验目的，确定指导实验的理论框架→确定实验的自变量→选择适合的测量工具并决定采用什么样的统计方法→选择实验设计的类型。

②实验的实施阶段。按实验设计进行实验→采取一定的实验措施→观测效应→记录实验所获得的数据、资料等。

③实验结果的总结评价阶段。对实验中取得的数据、资料进行处理分析→确定误差的范围→对研究假设进行检验→得出科学结论。

根据实验的目的和时间的不同，尤其是根据论文内容需要，实验应进行重复实验和扩大实验，以降低随机误差的影响，保证实验结果的重现性。

4.文献资料法及其应用

文献资料法是通过查阅文献资料了解、证明所要研究对象的方法。文献资料法属于非接触性的研究方法，因为研究文献并不与文献中记载的人与事实直接接触。文献资料法主要是指搜集、鉴别、整理文献，并通过对文献的研究形成对事实的科学认识的方法。

文献资料法的具体方法包括文献资料的查阅、文献资料的积累和文献资料的整理分析，它是思想研究领域采用得最多的一种研究方法。

四、选择研究方法的注意事项

（1）注意使用多种研究方法，各种研究方法可相互补充，也便于新成果的产生。现代科学的发展呈现出一种相互融合、相互渗透、相互影响的趋势，其中一个突出表现就是研究方法的相互借鉴。各种不同的方法既有其优点，也有它的不足之处，只有使用多种研究方法，才能从多个角度来对问题进行全面的研究，才能得到科学的结论。例如分析法是对把客观对象的整体分解为一定部分、单元、环节、要素并加以认识的思维方法。它的优点是可以深入事物的内部，从各个不同的侧面研究各个细节，为从整体上认识事物积累材料。但分析法有一定的局限性，由于它割裂事物的联系而局限于要素或部分的研究，其结果往往使人们形成一种孤立、静止、片面看问题的习惯，缺乏对事物整体的认识。正如黑格尔所说："用分析方法来研究对象就好像剥葱一样，将葱一层层地剥掉，但原葱已不存在了。"综合法是在分析的基础上对客观事物一定部分、单元、环节、要素的认识有机地联系起来，形成对客观事物统一整体认识的思维方法。它是从抽象的规定上升到思维的具体，从已知推广到未知的科学发现方法；它的不足是无法认识事物的各个细节。分析是综合的前提和基础，综合是分析的发展和提高，所以人们在使用时通常将两种方法共同使用，取得比单独使用一种方法更好的效果。

（2）注意在研究的不同阶段选择使用不同的研究方法。科学研究通常是分阶段进行的，在不同的阶段应该选择不同的研究方法来完成相应的研究任务。选题阶段可以通过观察法、文献调查法、历史研究法等来获取相关的数据，进而保持所选课题的学术价值、社会价值和经济价值等。调研文献阶段可以借助问卷调查法、文献调查法，从各种期刊、图书、档案等传统文献和现代的光盘、网络等新型资源当中，查找相关的学术信息、研究成果。在提出假说和构建理论阶段，可以借助公理化方法、从抽象到具体方法、历史与逻辑相统一法等，将自己的想法和观念通过符号化而成为显性信息。在推出研究成果阶段，可以借助数学方法或统计方法把相关的数据或理论以文字、图表甚至是影像的方式实现成果的表现。为了进行一项科学实验，在酝酿科学思想和设计实验方案的准备阶段，往往需要非常规的直觉、想象或猜测；而付诸实施时，就要运用常规的实验方法。但在常规的实验过程中，又可能发现偶然的新现象，此时则需要运用非常规的方法进行捕捉和运用常规的方法进行深入的追踪研究。

第五章 毕业论文（设计）开题

第一节 毕业论文（设计）开题报告

一、开题报告的相关要求

开题报告是在查阅文献并做好文献综述后的活动，其实是写作毕业论文前的一次"预研究"，目的是检验一下你选择的论文题目或者写作大纲是否可行，有没有研究的价值。

通过文献查阅，我们就能确定所要作的毕业论文的题目及其内容。把毕业论文内容以章节目（注：一定要详细写到二级标题，最好是三级标题，否则导师们可能也不知道你究竟要写什么，也就失去了指导的意义）的形式写下来，向由若干指导教师组成的答辩组汇报，听取导师们的意见和建议并加以修改，使论文结构更合理，内容更充实，在论文写作中少走弯路。

如果开题报告得到答辩组老师的认可，或者经过修改通过之后，就可以着手写论文了，因此开题报告是论文写作中非常重要的阶段。

符合以下几个前提条件的同学方可提交开题报告：

（1）必须修满专业培养计划所规定的学分数和学分积点数。

（2）已经查阅了至少20篇（其中2篇外文）相关内容的文献资料，对自己所写论文的研究范围、内容和研究前沿已明确。

（3）对毕业论文的章节结构已基本思考清楚，并能以文件形式表示出来。

（4）对论文写作的难点、工作量大小已比较清楚。

（5）填写了"论文开题报告书"，并经导师签字认可。

二、开题报告的内容

开题报告学校有专门的表格，请按其中的要求填写。其中主要的部分有：

（1）选题意义。说明为什么要选择这样的论文题目，所选题目的理论意义及其实用价值。

（2）国内外研究现状。在文献查阅的基础上对毕业论文所涉及领域国内外研究现状的进行评述（这部分内容要求2000字左右）。具体内容参见关于"文献综述"部分。

（3）研究目标。所写毕业论文的目的表述。主要说明通过论文的研究能够解决哪些问题或者进行了哪些探究。

（4）主要内容。描述论文的主要结构和内容，最好到三级标题的内容，至少到二级标题的内容。

（5）实施方案。反映论文写作的工作量情况和工作进度。

（6）研究方法。论文所采取的研究方法。研究方法有调查研究、比较研究、实验研究、文献研究等几种方法。

（7）论文特色和创新之处。在论文所涉及的范围内自己的创新点。创新点可以是理论研究方面的，也可以是应用研究方面的。每一篇论文都必须有自己的创新点。

（8）参考文献。列举查阅的主要参考文献资料至少30篇以上，其中外文文献2篇以上。

第二节　开题报告会

一、开题报告会时间

开题报告会时间通常为第七学期的17~18周进行，由各系负责组织，相关安排报至学院，以备监督检查。

二、开题报告会要求

毕业设计开始后，以系为单位组织开题考核。参加毕业设计的学生以演示文稿形式向考核小组汇报前期工作，重点介绍选题意义、研究内容、研究计划和论文框架结构等。开题考核时间每生约15分钟，其中学生讲解时间不超过8分钟，教师会提出修改意见。

三、开题报告会评价

开题报告会结果有三种：

（1）通过。论文结构是合理的，内容有自己的创意。学生在听取导师组的意见加以修改后，可开始撰写论文。

（2）修改。论文结构不甚合理，或内容陈旧没有创意。学生应根据导师组的意见加以修改，并在一周之内交给指导教师审阅认可后，才能开始撰写论文。

（3）不通过。未完成开题报告的要求，论文结构混乱或选题不恰当。学生应重新接受开题审查，否则不能进行下一步论文撰写。

注：各系在开题报告会结束及时上报开题不通过同学名单，由学院在一周后组织学生参加第二次开题报告会。

附录4 开题报告模板

毕业论文（设计）开题报告

学生姓名		专业		学号	
论文（设计）题目		大连吉成涂料制造有限公司的市场营销策略研究			

开题报告内容包括：1.选题的意义；2.国内外研究现状综述；3.论文所要研究的内容和实施方案；4.理论依据和研究方法；5.论文的研究特色和创新之处；6.主要参考文献。

1. 选题的意义

近年来，我国涂料企业▪▪▪▪▪▪▪▪▪▪▪变化。随着对外开放和各地招商引资步伐的加快，以及我国经济▪▪▪▪▪▪▪▪▪的涂料市场需求的吸引，国际涂料企业加快了挺进中国涂料市场的步伐。目前，世界涂料强手兵临城下，向中国涂料市场发起了全面进攻。宣威、立邦、ICI、巴斯夫和汉高等世界十强涂料企业均在中国设立了总代理或建立生产工厂，这些国外的涂料企业在中国涂料市场的占有率已达到45%左右，几乎垄断了中、高档涂料产品市场。面对强大的竞争对手，中国涂料企业要想保持甚至扩大市场份额，就必须找到正确的目标市场，▪▪▪▪▪▪▪▪销策略。因此，对涂料企业营销策略的研究也随着竞争的日趋▪▪▪▪▪▪▪要了。基于此，结合所在毕业实习单位，对涂料公司的营销策▪▪▪▪▪▪▪。

标题序号使用阿拉伯数字1.2.，宋体，五号，加粗

正文部分，宋体，五号，行间距：固定值20磅，首行缩进

2. 国内外研究现状综述(以此为例,需要细化，这部分内容要求2000字左右)

贾泊如在《变革 挑战 创新——中国涂料营销的回顾与展望》一文中，总结了改革开放27年来涂料营销演进的客观规律，提出了如何适应环境的变化，积极进行营销创新▪▪▪▪▪▪▪▪▪▪▪▪▪于市场营销和品牌营销观念支配的阶段，通过树立▪▪▪▪▪▪▪▪▪▪品质控制、网络建设、销售管理和市场推广来塑造品牌优▪▪▪▪▪▪策略。

列举的文献与后面的参考文献相对应，并在引用后用上标［ ］标注出来。

热合曼在《依托品牌 开拓市场》一文中也强调了在当今国外品牌纷纷进驻国内涂料市场的情况下依托品牌开拓市场的重要性；热合曼在《工业漆的市场营销策略》一文中，通过分析我国涂料市场的现状，提出了涂料企业应跳出只注重产品的内在价值，而忽略产品的使用价值的观念，仔细品味产品的市场影响，以产品是否满足市场需求，观念是否符合市场发展要求，作为检验和修正产品开发和市场开拓决策的标准。把握市场机遇，全面提高企业驾驭市场的能力，使企业走出困境[2-5]。

　　综上所述（该部分要对以上文献进行评价，指出存在的不足，引出自己所要研究的课题）……

3. 论文所要研究的内容和实施方案

（1）研究的内容

　　第一章概述，概括介绍整个行业的现状以及公司的现状，并明确公司的目标市场的选择；第二章公司的产品策略研究，从企业的产品质量、品牌塑造和服务策略三方面进行研究；第三章公司的定价策略研究，从营销观念和定价方法两个方面提出企业存在的问题，并提出解决方案；第四章公司的分销策略研究，主要从营销渠道这一角度出发，分析企业应如何建设垂直渠道分销系统；第五章公司的促销策略研究，从广告促销、人员促销、其他促销组合方法三个方面分析企业存在的问题，并提出解决方案。

（2）实施方案

　　通过毕业实习，进行实地调查研究，了解企业市场营销工作每一环节的具体运作，再通过现刊、电子期刊、Internet网络等各种途径搜集、阅读和整理资料，进而撰写开题报告和论文提纲，最后结合企业实际情况，撰写论文一稿，论文二稿。

4. 理论依据和研究方法

　　本文以市场营销策略中的4P理论、4C（消费者、成本、便利、沟通）理论为理论依据，综合运用文献检索、实地调研、对比分析等一系列研究方法，对企业的市场营销策略进行研究与分析。

5. 论文的研究特色和创新之处

　　（1）文章并不是盲目地直入市场营销策略这一主题，而是通过对市场环境、公司目标市场的选择以及产品定位的分析，引出对企业市场营销策略的研究，可以说，文章是站在一个战略的高度来研究市场营销策略的。

　　（2）涂料市场不同于一般的消费品市场，因此，在产品促销、服务及分销等方面的策略也有所不同，这些在文章中也有所体现。

6. 参考文献(该部分文献数量不少于30篇，其中外文文献2篇以上，文献要求近10年内)

[1] 贾泊如. 国内涂料企业品牌建设的问题及改进建议[J]. 中国涂料，2005，（2）：11-13

[2] 热合曼. 工业漆的市场营销策略[J]. 涂料工业，2002，（6）：37-40

[3] 厉以宁，杨林. 全球化与中国[J]. 经济研究，2000，10（6）：70–75

[4] 热合曼. 红山油漆诠释营销服务质量[J]. 现代质量，2002，（8）：8–9

[5] 毕世宏. 剖析成本导向定价法的弊病[J]. 山西财经大学学报，2000，（2）：55–56

……

[25] 林成安.促销管理[M].北京：北京工业大学出版社，2004：5–11

……

指导教师 意见	教师（签字）： 　年　月　日
系（教研 室）意见	主任（签字）： 　年　月　日
备注	

注：此表由学生填写，中间页不足时，另附纸。

开题报告写作具体要求

一、纸型、页码及页边距

1. 纸型：B5，单面打印

2. 页边距：上2.54cm，下2.54cm，左3cm，右2cm

3. 距边界：页眉1.5cm，页脚1.75cm

4. 行距：固定值20磅

5. 装订：两个钉左侧均匀装订

二、标题及正文

1. 一标题序号使用阿拉伯数字 如1.2.，宋体，五号，加粗

2. 二级标题用（1）（2）形式，宋体五号

3. 正文部分，宋体五号字。

4. 列举的文献与后面的参考文献相对应，并在引用后用上标［1］形式标注出来。

第六章　外文翻译

外文翻译是训练学生外语和专业知识的重要手段，一方面有助于提高学生对外语的掌握程度，另一方面也提高学生对专业知识的总结和升华。经管类专业学生需要进行2万字符的外文文献翻译工作（日、俄语生可以选择日俄语文献，具体翻译字数请与指导教师确认）。

第一节　外文翻译的写作要求

一、纸型、页码及页边距

（1）纸型。B5，单面打印。

（2）页码。位于页脚五号居中，按阿拉伯数字连续编排。封皮无页码。

（3）页边距。上2.54cm，下2.54cm，左3cm，右2cm。

（4）距边界。页眉1.5cm，页脚1.75cm。

（5）行距。多倍行距，1.3。

（6）装订。两个钉左侧均匀装订。

二、字体及字号

（1）英文部分（在前）：

①全文采用Times New Roman字体。

②一级标题，Times New Roman字体四号字，加粗。

③二级标题，Times New Roman字体小四号字，加粗。

④正文部分，Times New Roman字体，小四号字。

（2）中文部分（在后），另起一页，全文采用宋体字体。

①一级标题，宋体四号字，加粗。

②二级标题，宋体小四号字，加粗。

③正文部分，宋体小四号字。

第二节 外文翻译的注意事项

外文需要与专业和论文题目紧密相关，同学在进行翻译之前，需要得到指导教师的认同后方可进行，否则视为本工作未完成，不予参加答辩。

（1）在文献选取时，切忌寻找中英文对照的资料上交，否则视为本工作未完成，不予参加答辩。

（2）严禁利用翻译软件翻译英文资料，一经发现，视为本工作未完成，不予参加答辩。

（3）严禁选择中文文献用翻译软件翻译成英文后上交，此类行为极其恶劣，一旦发现，在不予答辩的同时上报教务处，按照学校相关规定处理。

附录 5　外文翻译封皮

大连工业大学

管理学院

外 文 翻 译

专　　业：＿＿＿＿＿＿＿＿＿

班级学号：＿＿＿＿＿＿＿＿＿

学生姓名：＿＿＿＿＿＿＿＿＿

指导教师：＿＿＿＿＿＿＿＿＿

第七章　经管类毕业论文（设计）的写作

毕业论文（设计）是在现有的知识基础上，反映学生对所学知识的理解、应用和进行原创性分析评述的一项学术研究工作的书面沟通形式。

既然是书面沟通形式，它就要求作者必须将自己的思想准确无误地传达给读者，因而必要的格式和标准就是必需的。文章中的语法和文字错误应该尽量避免，并非人所共知的缩略语也不应使用。

既然是研究性质的，简单来说，毕业论文就需要发现些什么。换句话说，毕业论文需要有研究的目标和方向。作为一项学术工作，毕业论文的写作还必须有学术方面的支撑，比如专业数据和资料以及对他人研究成果的引证。同时，毕业论文的研究也不是孤立的，其结果与现有知识基础的关系应该通过文献综述或者论文中引注等方式反映出来。

在论文中，还必须反映出作者对所研究领域相关知识的理解，用自己的思想和方法（所谓原创性）去探寻一切。所谓大胆设想，小心求证。用严密的理论框架将各种思想和实证结果合乎逻辑地组织起来，对结论进行分析评述。同时，经管类本科毕业论文应更加强调结合生产实际，突出研究成果的实际应用价值。

第一节　毕业论文（设计）的总体要求

经管类专业的每一名学生都需要独立完成毕业论文，从选题、论文大纲、正文撰写、修改完善、毕业答辩到成绩评定，整个过程历时约6个月。

经管类本科毕业论文写作指导

一、内容

毕业论文要求学生结合单一或多个企业的实际情况，提出一个经济管理方面的具体问题，然后分析问题实质，并寻找解决问题的具体方法。在撰写毕业论文时，各位同学需要把在课堂里学到的知识运用到分析过程中。毕业论文针对的应当是经济管理的实际问题，不提倡讨论纯经济管理理论问题。对实际问题的分析，需要借鉴前人的研究成果：一方面综述与该问题有关的管理理论，另一方面还要了解、借鉴国内外企业的最佳实践和已知的常见误区，形成分析问题的框架，然后对具体问题展开有理论、有依据、有分析的研究。

二、格式

毕业论文不仅是同学的学习成果，也是学校宝贵的资源。同学的毕业论文将保存在学校的图书馆和档案馆，成为公开的、永久性的学术资料，特别是被评为校级优秀以上的毕业论文将在互联网上予以发布。因此，每位同学应当按照相关格式规定，认真地撰写、校对、打印毕业论文，以方便查阅和参考。

三、方法

成功的毕业论文也表明学生在某一经济管理领域做出了重要的、可接受的研究工作，并具有本科乃至硕士研究生水平的分析问题和解决问题的能力。通过课题报告研究，同学应当掌握使用管理研究的基本方法，充分利用学校及其他单位的数据库、文献库等资源，以及现有的研究成果，从巨人的肩膀上开始自己的攀登。通过毕业论文研究，熟悉经济管理研究的主要数据库和检索方法，是本科学习的一项重要内容，也将成为同学未来成功管理实践的积淀。

第二节　毕业论文（设计）的构思和提纲拟制

一、构思和拟制提纲的要点

构思和拟制提纲是使论文格局成形的主要过程，也是论文写作的依据和修改标准。

（1）确立论点。学生应结合实习单位的情况和实习行业现状，考虑应从什么角度，哪种方式提出论点，以明确论文题目。

（2）规划层次段落。考虑整体框架，确定由几个层次来论证中心论点，各层次的关系及先后顺序。

（3）精选材料。选取实习单位或行业的可靠资料和数据，要考虑那些信息量大、信息新、有说服力的材料，并考虑材料的使用位置。

（4）协调结构布局。要结合企业现实情况，存在的实际问题，正确反映客观事物的发展规律和内在联系，按照提出问题—分析问题—解决问题的原则拟制论文提纲。

二、构思和拟制提纲的方法

（1）用最简洁、鲜明的语言概括论文主旨，拟定论文题目。

（2）用写主题句的方法概括出论文的中心论点。

（3）合理安排论文的结构布局，确定从哪几个方面论证中心论点。

（4）把资料分属于所要证明的论点。

（5）考虑段落的具体安排，写出每段的段旨。

第三节　毕业论文（设计）的结构

毕业论文依次由摘要、目录、正文、参考文献、附录（可以没有）等组成。

1.摘要

包括"摘要"二字，摘要内容，关键词（3~5个），摘要内容应包括论文的主要目的、内容、结论与成果等，摘要200~400字，还应撰写英文摘要。

2.目录

按二级或三级标题自动生成编写。

3.正文

（1）引言（也可使用"绪论"，绪论写法在此不详述）。引言又称前言、序言和导言，用在论文的开头。引言一般要概括地写出作者意图，说明选题背景、选题的目的和意义，并指出论文写作的范围和方法。引言要短小精悍、紧扣主题。引言作为一个章节，在目录中标明，字数在500字左右。

（2）论文正文。正文是论文的主体，正文应包括论点、论据、论证过程和结论。主体部分包括以下内容：

①提出问题——论点。

②分析问题——论据和论证。

③解决问题——论证方法与步骤。

论文正文中图表要按章编号，并标清图表名称。

（3）结论。正文结束时，应写有结论。结论作为一个章节，在目录中标明，以400～600字为宜。

（4）参考文献。必须是学生本人真正阅读过的，以近期发表的文献为主，应与论文工作直接有关。论文中引用参考文献之处需注明（参考文献序号），并在文中相应位置用阿拉伯数字置于"[ ]"中以上标形式标注，如"产学研[1]"。不得将引用文献标识置于各级标题处。参考文献数量不少于20篇，至少包括2篇外文文献。

（5）附录。有必要附于论文中的图表、资料等。

第四节　毕业论文（设计）的提交

一、毕业论文提交前自查项目

（1）是否在论文开头就确定了研究目标？是否讨论了该课题报告的重要意义？

（2）是否明确界定了所研究的问题，确保抓住问题的实质，而不仅仅是表象？

（3）是否借鉴了前人的研究成果，是否应用了相关理论，并尽可能地将理论与你的具体问题相结合？

（4）是否在分析和建议之间建立起明确的联系，从而使建议不会显得过于缺乏依据？

（5）是否讨论了其他可能的方案、假设及其局限性？

（6）论文中是否论及你是如何进行研究的（比如，是否进行了图书馆研究、问卷调查、实地采访、实地实习、咨询过行业专家或相关政府机构等，抑或仅仅是根据个人感受或经验展开的）？

（7）如果报告中采用了他人的研究成果（包括企业的内部分析文件、咨询公司的分析报告等），是否说明哪些是企业的业务报告，哪些是你个人的研究成果？

二、毕业论文提交要求

各位同学应在规定时间内提交开题报告、毕业论文一稿、二稿和终稿，完成指导教师所要求的修改工作；其中开题报告和论文终稿需要提交打印稿和电子版。

第五节　毕业论文（设计）撰写的常见问题与指导建议

根据以往毕业论文（设计）指导经验，在论文的撰写过程中存在以下常见问题：

一、选题把握不准

（1）选题不够新颖，缺乏前瞻性的眼光，不能发现和确定本学科和研究方向的具有前瞻性的问题，习惯于从现成的论文文献中寻找所谓的热门话题，选题缺乏新意，创新少。

（2）部分选题题目过大，研究对象不明确，不能从选题本身体会到论文的研究主旨和价值取向。

（3）理论性太强，选题难度太大，超出了本科生能够把握的范围。

建议：关注行业和学科的热点话题，从中提升到论文命题;调整选题的研究角度，独辟蹊径，对已经热门的话题做适当的剪裁和调整，如从某个视角研究热门话题；研究对象尽可能具体化，缩小研究范围；准确界定选题的研究主旨和价值取向，从选题中表达鲜明的研究内容。

二、论文构架逻辑性不强、论证不足

（1）借助他人有关概念构建自己的论文框架和逻辑起点，缺乏必要的介绍和说明；

（2）引用有关观点和资料证明论文观点，生搬硬套，显得牵强附会；

（3）论文中的现象、问题和对策之间对应关系不够完整严密，问题缺乏足够的原因解释，提出的对策针对性、系统性、可行性和有效性不够。

建议：撰写论文要有一定的逻辑性，对于构造论文的基本概念(范畴)之间的逻辑关系一定要思考清晰，表述准确，前后照应，防止"头小帽子大""头重脚轻""首尾不对应"等问题。要将研究问题论证清晰，有层

次，运用恰当的论证方法解决问题。

三、摘要撰写混乱

（1）没掌握毕业论文摘要撰写规则，目的不明确，方法交待不清，结果、结论模糊；

（2）摘要内容与正文关联性不强。

（3）英文摘要质量不高，以致出现语病、翻译不通顺等问题。

建议：摘要应具有独立性和自含性，是一篇完整的短文，一般应说明研究工作的目的、技术方法、内容及所取得的研究结果和结论等，而重点是研究结果。要求结构严谨，表达简明，语义确切。

四、行文不严谨

（1）思路不清晰，缺乏基本学术论文写作训练；

（2）文章内容前后关联性不强，在原因分析、对策建议等方面，没有针对存在的问题进行分析。

（3）文不对题，文章标题和内容不对应，前期叙述过多，铺垫过长，应该紧扣主题，围绕一个中心详略得当，主次分明。

建议：多阅读论文和文献，掌握基本概念的界定和阐述的方式；在阅读中形成概括和转述的能力，以札记形式再现出来，力戒照抄他人的文字；坚持论文要有"问题意识"，应该按照提出问题—分析问题—解决问题思路撰写论文。形成自己的论文表述风格。

五、格式不规范

（1）标题序号不一致，多种序号混用；

（2）图表不编号或编号混乱，甚至为扫描或截图；

（3）数据不一致，使用不同的单位；

（4）全角、半角混用等。

（5）字体、字号、行间距、页码、参考文献标注等格式不规范。

　　建议：严格按照管理学院毕业论文（设计）排版规范要求，规范论文格式；论文封面、摘要、正文、图表、页眉、参考文献标注、致谢、附录等内容，严格按照要求进行逐项的格式调整和规范。

第八章　经管类毕业论文（设计）的中期检查

第一节　毕业论文（设计）中期检查要求

为了解和掌握学生毕业论文（设计）的进展情况，保障毕业论文（设计）的质量，需要开展毕业论文（设计）中期检查工作。检查主要以学院自查为主，学校抽查为辅。

一、学院自查

（1）教师填写《毕业论文（设计）中期检查报告》，指导教师对学生毕业论文（设计）的进度、已完成部分的质量情况进行全面检查。

（2）学院根据制定自查方案，针对教师指导状况、学生完成毕业论文（设计）进度及毕业论文（设计）相关材料的质量情况进行中期检查。

二、学校抽查

（1）学校对毕业论文（设计）整体秩序情况进行随机检查。

（2）学校抽检部分毕业论文（设计）材料，并组织专家进行检查。

抽检需要提交的材料包括：

①毕业论文（设计）开题报告。

②毕业论文（设计）中期报告。

③外文材料及其翻译稿（包括草稿）。

④论文初稿、二稿。

第二节 毕业论文（设计）中期答辩

一、中期答辩方式

答辩以学生自述为主，答辩组集体指导，8~10分钟/人，答辩时采用PPT演示前期研究成果与进展。

二、中期答辩分组

答辩采用分组答辩形式，答辩整个过程中每组不少于3名教师，指导教师与学生不强制要求采用背对背和匿名方式，建议采用按学号顺序进行答辩，防止出现学生答辩遗漏。

三、中期答辩审核内容

答辩组需要综合审核学生论文的选题和具体进展情况，审核的材料包括开题报告、外文翻译和论文初稿。按照论文进展要求，开题报告、外文翻译需要全部完成，论文进度完成一半及以上。学生需要提交以上纸质材料1份，各位答辩老师轮流审阅。

四、中期答辩结果评价

答辩老师针对学生论文进展和各项材料的完成情况进行等级评价，分为优秀、通过和不通过三个等级。2/3以上答辩老师评价结果为优者，免毕业答辩（但专业内人数不超过学生总数的5%，同时需要通过后续论文检测），2/3以上答辩老师评价结果为不通过时，进行中期二次答辩。两次答辩均未参加或均未通过者，取消毕业论文首次答辩资格，直接进入二次答辩。

当评价结果为优的学生人数超过5%时，按照学生得到优的数量多少排序；得到优的数量相同时，由学院二次中期答辩组决定（学生自愿选择是否参加）。

附录6　中期检查报告模板

大连工业大学管理学院

本科生毕业论文（设计）中期检查报告

姓名			学号			
专业			指导教师			
论文题目						
论文题目来源						
选题论文（设计）	与所学专业紧密程度	紧密□	一般□	有点偏离□		完全偏离□
	在同届是否重复	没有重复□		完全重复□		
	题目是否需要改动	否□	是□ 新题目：			
开题报告	未完成□	已经完成□	未上交□		已上交□	
	是否合格	是□	否□ 修改之处：			
外文翻译	是否与论文相关	相关□	偏离□			
	外文字符数	达到要求□	未达到要求□（需补充___字符）			
	外文翻译质量	无须修改□	稍微修改□	重新翻译		
工作进度论文（设计）	设计□	形成方案□	实践进行□	实践结束□	初稿□	
	论文□	初步提纲□	详细提纲□	初稿□	二稿□	
	修改意见					
	预期进度	提前完成□	按时完成□	不能按时完成□		
工作态度	认真□	较认真□	一般□	不认真□		
整体评价	优秀□	通过□	未通过□			

续表

	修改意见
指导 教师 意见	 签章　年　月　日
系负 责人 意见	综合评价 签章　年　月　日

（本表由学生填写黑框的部分后，交给指导教师；其他相关项目由相关教师在□打√）

第九章 经管类毕业论文（设计）的答辩

第一节 毕业论文（设计）学术不端检测

一、检测方式

对已完成毕业论文（设计），拟参加答辩的应届本科毕业生以及学院推荐参评校级优秀毕业论文（设计）的学生，使用"大学生论文抄袭检测系统"进行毕业论文（设计）检测。

二、检测结果性质认定及其处理

依据检测结果报告书中文字复制比对学术不端行为的性质进行初步认定。检测结果认定：

A. R≤30%　通过检测

B. 30%＜R＜50%　疑似有抄袭行为

C. 50%≤R≤70%　疑似有较严重抄袭行为

D. R＞70%　疑似有严重抄袭行为

注：R为文字复制比，是指被检测论文与非本人学术成果的文字重合字数占全文的百分比。

（1）文字复制比在30%以下（含30%）的学生（A类），视为通过检测，但仍需修改后参加答辩。

（2）文字复制比在30%～50%的学生（B类），由学院通知本人根据检测结果进行相应修改调整，修改时间至少1周，修改后的论文须再次将电子版交给学院教学秘书进行复检（复检费用自行承担）。复检后的文字复制比降至30%以下者，视为通过检测；仍未通过者，取消该生毕业论文（设计）答辩资格，延期半年毕业。

（3）文字复制比在50%～70%的学生（C类），实践教学科将学生的检测报告书反馈给学院学术分委员会，由学术分委员会组织同行专家进行认定。若认定该论文有较严重抄袭行为的，则取消该生毕业论文（设计）答辩资格，该生毕业论文（设计）须重新撰写，并延期半年毕业；若认定该论文无较严重抄袭行为或文字复制比未达到50%的，需由学院学术分委员会提出处理意见报送校学术道德委员会审批。

（4）文字复制比达到70%以上的学生（D类），视为严重抄袭，由实践教学科将学生的检测报告书反馈给学院学术分委员会，由学术分委员会组织同行专家进行认定。若认定该论文有严重抄袭行为的，则取消该生毕业论文（设计）答辩资格，毕业论文（设计）成绩按"零"分计。如其学术不端行为给学校声誉造成不良影响，将视情节轻重给予警告直至开除学籍等行政处分；若专家认定该论文无严重抄袭行为或文字复制比未达到70%的，则需由学院学术分委员会提出处理意见报校学术委员会审批。

参评校级优秀毕业论文（设计）的学生，其毕业论文（设计）必须参加检测。文字复制比高于30%者，取消其评优资格，该检测结果的性质认定及其处理按上述办法执行。

第二节　毕业论文（设计）答辩要求与程序

毕业（设计）论文打印稿经指导教师批准通过后，方能进入答辩。打印稿未获指导教师通过的，学生直接进入"院级第二次答辩"。

毕业论文答辩至少由三位老师组成答辩小组，并在条件允许的情况下实行导师回避制，答辩顺序抽签决定或由系主任确定。

一、答辩要求

（1）学生按规定提交一定数量毕业论文打印稿。

（2）答辩需用PPT说明。

（3）每人答辩时间25分钟以上，其中陈述15分钟，教师提问和学生回答10分钟。

（4）答辩记录。答辩秘书按要求认真做好答辩记录，答辩记录可以打印或手写。

二、答辩内容

（1）论文背景及目的。

（2）论文主要研究内容。

（3）论文结论或结果。

三、答辩反馈

答辩后的次日，同学即能得到反馈：优秀、良好、中、及格、不及格的档次划分以及需要参加院级二次答辩的学生名单。

另外，论文可能被要求进一步修改，甚至成绩为优秀的同学也不例外，学生在完成所要求的修改后，才能获得最终成绩。

四、答辩注意事项

（1）毕业论文答辩过程中全程采用匿名形式进行，达到或超过两个答辩组的专业，指导教师不得参加本人所指导学生的答辩组。各位系主任和答辩小组组长负责管理好答辩会场纪律，确保整个答辩过程严肃、公正、有序。

（2）选优指标按各专业学生人数比例分配。二辩由学院统一组织，主要依据答辩成绩按后5%确定，并按相关时间要求报到学院。

第三节　毕业论文（设计）成绩评定标准

一、毕业论文（设计）成绩评定办法

毕业论文（设计）成绩由答辩委员会决定，成绩按优、良、中、及格和不及格五个等级划分，答辩时委员会每一位成员依据论文的选题、工作量等（见表成绩评定标准），给出具体分数，所有成员分数的平均分折算成五级分制后，即为学生的最终毕业论文成绩，由各系答辩组组长负责汇总后交由学院存档。

二、毕业论文（设计）成绩评定标准

毕业论文（设计）成绩共分5个等级，分别是优秀、良好、中等、及格和不及格。如下表所示。

优秀 （90~100分）	（1）论文选题好，内容充实，能综合运用所学的专业知识，以正确观点提出问题，能进行精辟透彻的分析，并能紧密地结合我国经济形势及企业的实际情况，有一定的应用价值和独特的见解和鲜明的创新。 （2）论证材料典型真实，既有定量分析，又有定性分析。 （3）论文结构严谨，文理通顺，层次清晰，语言精练，文笔流畅，图表正确、清晰、规范。 （4）答辩中回答问题正确、全面，比较深刻，并有所发挥，口语清晰、流利，逻辑性强。
良好 （80~89分）	（1）论文选题较好，能运用所学的专业理论知识联系实际，并能提出问题，分析问题。对所论述的问题有较强的代表性，有一定的个人见解和实用性，并有一定的理论深度。 （2）论证材料真实具体，有较强的代表性。对材料的分析较充分，比较有说服力，但不够透彻。 （3）论文结构严谨，层次清晰，行文规范，条理清楚，文字通顺，图表正确、清楚，数据准确。 （4）在答辩中回答问题基本正确、中肯，口语比较清晰。

续表

中等 （70~79分）	（1）论文选题较好，内容较充实，具有一定的分析能力。 （2）独立完成，论点正确，但论据不充足或说理不透彻，对问题的本质论述不够深刻。 （3）论证材料较具体，文章结构合理，层次比较清晰，有逻辑性，表达能力也较好，图表基本正确，运算基本准确。 （4）在答辩中回答问题基本清楚，无原则性错误。
及格 （60~69分）	（1）论文选题一般，基本上做到用专业知识去分析解决问题，观点基本正确，基本独立完成，但内容不充实，缺乏自己见解。 （2）论证材料较具体，初步掌握了调查研究的方法，能对原始资料进行初步加工。 （3）文章有条理，但结构有缺陷；论据能基本说明问题，能对材料作出一般分析，但较单薄，对材料的挖掘缺乏应有的深度，论据不够充分，不够全面。 （4）文字表达基本清楚，文字基本通顺，图表基本正确，无重大数据错误。 （5）在答辩中回答问题尚清楚，经提示后能修正错误。
不及格 （60分以下）	凡论文存在以下问题之一者，一律以不及格论： （1）文章的观点有严重政治错误；或违背基本经济学、管理学常识，且不能有效论证。 （2）有论点而无论据，或死搬硬套教材和参考书上的观点，未能消化吸收；虽经老师指出，仍拒绝修改。 （3）离题或大段抄袭别人文章且未加说明；弄虚作假，伪造调研数据。或其他严重违反科研道德和国家关于保护知识产权的有关法律法规的行为。 （4）缺乏实际调查资料，内容空洞，逻辑混乱，表达不清，语句不通。 （5）文章图文格式混乱，未达到学校的要求。 （6）在答辩中回答问题有原则性错误，经提示不能及时纠正。 （7）毕业论文期间，不接受导师的指导，致使论文不能如期按学校的质量要求完成。未经批准不参加学校组织的毕业论文开题报告会、期中检查、毕业答辩。 （8）不按学院的要求装订论文；不按要求提交必要的电子文档。

第四节　毕业论文（设计）材料归档

在毕业论文（设计）工作结束后，由学院负责做好毕业论文（设计）材料的归档工作，需归档的材料如下。

一、学生上交的文本材料

开题报告一份，胶装毕业论文一本，外文翻译一份。

毕业论文装订顺序：封面、扉页、中文摘要、英文摘要、目录、正文、指导教师签字的学术论文查重检测报告。

外文翻译装订顺序：英文资料在前，中文资料在后。

二、教师上交的文本材料

毕业论文（设计）中期检查报告，任务书，指导人意见书，评阅人意见书。

注意：以上要求归档的全部材料均需提供电子文档，由各专业负责保存。

三、答辩组上交的文本材料

（1）答辩及成绩评定原始记录表（每个学生一份）。

（2）由答辩老师本人签名的答辩评分表（每位答辩老师一份，单独存档）。

四、成绩存档

答辩结束后，由答辩组组长将答辩评分表和学生的答辩原始记录表上交到系主任，各系系主任负责提报学生毕业论文成绩并归档答辩评分表，各位指导教师负责归档学生和指导教师上交的文本材料。

指导教师需要归档的材料：开题报告一份，胶装毕业论文一本，外文翻译一份，毕业论文（设计）中期检查报告一份，任务书一份，指导人意见书一份，评阅人意见书一份。答辩及成绩评定原始记录表一份。

　　系主任需要归档材料：毕业论文成绩单、答辩评分表。

附录7　管理学院本科毕业环节工作进程安排

时　间	内　容
第七学期第10周	毕业环节总动员，布置专业调查与实践、毕业实习、毕业论文等各项活动安排
第七学期第14~17周	专业调查与实践环节
第七学期第18周	（1）上交专业调查与实践环节相关材料：专业调查与实践报告、实习记录本，指导教师确定专业调查与实践成绩，并录入系统。实习材料归档。 （2）毕业论文开题报告会，指导教师在毕业设计管理信息系统中上传毕业论文题目。
第八学期第1~4周	学生毕业实习环节
第八学期第5周	（1）学生上交实习记录本、实习证明、实习报告，指导教师负责确定毕业实习成绩，并提交到系。毕业实习材料归档。 （2）学生确定最终论文题目，不允许作任何变动。 （3）开始毕业论文工作。
第八学期第8周	学生完成毕业论文初稿，指导教师检查学生相关资料，对论文初评，并提出修改意见。
第八学期第10周	毕业论文环节中期检查，中期答辩，学院负责抽查中期检查情况。
第八学期第13周	各系将答辩分组情况、各答辩小组组长、成员名单及具体答辩时间报教学办公室。
第八学期第14~15周	（1）毕业论文定稿。 （2）毕业论文学术不端检测，公布检测结果。
第八学期第16周	毕业论文答辩，通过小组答辩的学生根据答辩意见修改论文，并将最终稿上传毕业设计管理系统，经指导教师审阅无误后方可打印成册。指导教师收齐通过本组学生的整套毕业论文材料及答辩记录提交学院存档备查。
第八学期第17周	毕业论文二辩
第八学期第18周	上交毕业论文成绩单，毕业论文材料归档

附录 8　毕业论文排版规范要求

大连工业大学

毕业论文（设计）

题　目：＿＿＿＿＿＿＿＿＿＿＿

副标题：＿＿＿＿＿＿＿＿＿＿＿

专　　业：＿＿＿＿＿＿＿＿＿

指导教师：＿＿＿＿＿＿＿＿＿

学生姓名：＿＿＿＿＿＿＿＿＿

班级学号：＿＿＿＿＿＿＿＿＿

年　　　月

大连工业大学本科毕业论文（设计）

题　目：<u>（宋体、小三、加粗）</u>

副标题：<u>（宋体、小三、加粗）</u>

学生姓名：（宋体、四号）

专　　业：（宋体、四号）

班级学号：（宋体、四号）

指导教师：（宋体、四号）

评　阅　人：（宋体、四号）

摘　要（三号、宋体、加粗、居中、字间空两格）

这份说明给出了经管类本科学位论文的基本要求。毕业生提交的论文必须应用此格式。

摘要应具有独立性和自含性，即不阅读报告、论文的全文，就能获得必要的信息，供读者确定有无必要阅读全文。摘要是一篇完整的短文，一般应说明研究工作的目的、技术方法、内容及所取得的研究结果和结论等，而重点是研究结果。要求结构严谨，表达简明，语义确切，字数200-400字为宜。

摘要中应排除本学科领域已成为常识的内容；不要把应在文献综述中出现的内容写入摘要；也不要对论文内容作诠释和评论(尤其是自我评价)。用第三人称，不必使用"本文"、"作者"等作为主语。

单位制一律换算成国际标准计量单位制，除了实在无法变通以外，一般不用公式等，不得出现插图、表格、文献标注。

缩略语、略称、代号，除了相邻专业的读者也能清楚理解的以外，在首次出现时必须加以说明。

关键词：格式；字体；页边距

注：摘要正文内容（小四、宋体），关键词（小四，宋体、加粗）一般包括3~5个主题词，主题词（小四、宋体、加粗）之间用分号隔开，末尾不加标点。关键词与摘要内容之间空一行。

I

ABSTRACT（英文、三号、Times New Roman、加粗、居中）

英文摘要另起一页，内容应与"中文摘要"对应。使用第三人称，用现在时态编写。摘要正文内容，中文摘要的译文（小四、Times New Roman）。

Key words（小四，Times New Roman、加粗）：每个关键词（小四，Times New Roman、加粗），第一个单词的首字母大写，其余小写。内容应与中文"关键词" 一一对应。词间用分号间隔，末尾不加标点。Key words与Abstract内容之间空一行。

Key words：Format；Font；Margin

目 录（三号、宋体、居中、字间空两格）

注：序号与文字之间空一格（1.1 正文主体）

毕业论文（设计）题目

引 言

　　引言又称前言、序言和导言，用在论文的开头，主要介绍论文的选题。引言一般要概括地写出作者意图，说明选题的目的和意义，并指出论文写作的范围。引言要短小精悍、紧扣主题。

　　引言就是为论文的写作立题，目的是引出下文。一篇论文只有"命题"成立，才有必要继续写下去，否则论文的写作就失去了意义。一般的引言包括这样两层意思：

　　一是"立题"的背景，说明论文选题在本学科领域的地位、作用以及目前研究的现状，特别是研究中存在的或没有解决的问题。

　　二是针对现有研究的状况，确立本文拟要解决的问题，从而引出下文。

　　引言部分常起到画龙点睛的作用。选题实际又有新意，意味着你的研究或开发方向对头，设计工作有价值。对一篇论文来说，引言写好了，就会吸引读者，使他们对你的选题感兴趣，愿意进一步了解你的工作成果。

1

毕业论文（设计）题目

第一章　毕业论文（设计）的结构

1.1 正文主体

正文的主体是对研究工作的详细表述，可以分章论述。其内容包括：结合企业来作毕业论文的同学应紧密结合企业，遵循着企业的概况描述，经营管理方面存在的问题，结合所学专业知识给出应对措施的研究思路，对企业进行层层深入的剖析；做理论研究的同学应遵循所研究工作的基本前提、假设和条件，也要提出所研究理论在实际中的应用情况，进行分析。正文要求论点正确，推理严谨，数据可靠，文字精练，条理分明，文字图表清晰整齐。

1.2 结论

结论是整篇论文的归结，对全篇论文起到画龙点睛的作用，必须单独书写。结论的内容不只是前面正文部分已经得出的研究结果的简单重复，而应该有进一步的认识。

结论的措词必须严谨，逻辑性必须严密，文字必须鲜明具体。如果不可能导出应用的结论，也可以没有结论而进行必要的讨论。

1.3 参考文献

1.4 致谢

1.5 附录

2

第二章　正文要求

本科生毕业论文（设计）的正文是主体部分，要着重反映自己的工作，突出新的见解，如新思想、新观点、新规律、新研究方法、新结果等。

正文要求论点正确，推理严谨，数据可靠，文字精练，条理分明，文字图表清晰整齐。利用别人研究成果必须附加说明。引用前人材料必须引证原著文字。在论文的行文上，要注意语句通顺，达到科技论文所必须具备的"正确、准确、明确"的要求。

2.1 纸型、页眉、页码及页边距的要求

按照规范要求，完成以下设置：

（1）纸型：B5，单面打印。

（2）页眉：从正文引言页开始一律设为"毕业论文（设计）题目"（宋体、小五号、居中）。

（3）页码：居中位于页脚，前置部分除扉页外用罗马数字单独编排；页码从引言开始用阿拉伯数字连续编排。

（4）页边距：上2.54cm，下2.54cm，左3cm，右2cm。

（5）距边界：页眉1.5cm，页脚1.75cm。

2.2 标题及正文要求

标题及正文按如下要求设置：

（1）标题。

第#章 ##（三号、宋体、加粗、居中）

1.1 ##（小三号、宋体、加粗、顶格）

3

毕业论文（设计）题目

1.1.1 ##（四号、宋体、加粗、顶格）

序号与文字之间空一格（1.1 正文主体）

（2）论文正文内容（小四、宋体）。

标题只列到三级标题，不要再新加其他标题；

正文内容不得有空页；新一章内容要另起一页，页码续前节；

正文内容除每章结束时可以有空行外，其他地方原则上不能有空行。

（3）段落及行间距。

全篇论文请在"段落"选项中将"行距"设置为多倍行距1.3，每段首行缩进2字符。参考文献正文取固定行间距17磅，按照标题的不同，分别采用不同的段前段后间距（见下表）：

标题级别	段前及段后间距
大标题	30～36磅（统一值32）
一级节标题	18～24磅（统一值20）
二级节标题	12～15磅（统一值14）
三级节标题	6～9磅（统一值8）

在上述范围内调节标题的段前段后行距，以利于控制正文合适的换页位置（如果正文换页位置合适，选统一值排版）。

2.3 图格式要求

每一图应有简短确切的图名，连同图序居中置于图下。

图名称：正文中的图要有中文名称，图的中文名称为宋体五号字，不加粗，居中并位于图下（参见图2.2）。

图序号：分章编号，如图2.1、图2.2……。

图尺寸：图尽量以一页的页面为限，一旦超限要加续图。

图格式："设置图片格式"的"版式"为"嵌入型"。

毕业论文（设计）题目

图位置：图居中排列，图与上文留一空行，图名与下文留一空行。图中字体及大小根据实际情况自行调整。

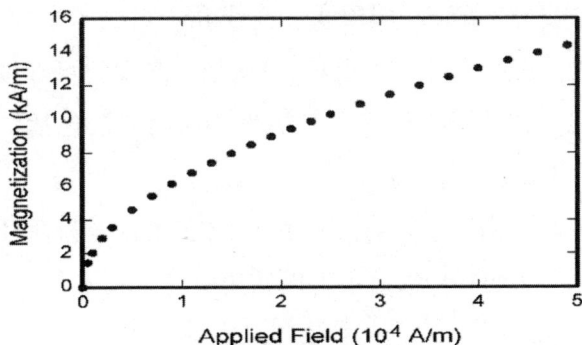

图2.2　图形示例

图2.2描述了……

论文正文中不得徒手画图，必须按国家规定标准或工程要求用计算机绘制。

图中的术语、符号、单位等应同文字表述一致。标值的数字尽量不超过3位数，或小数点以后不多于1个"0"。例如，用30km代替30000m，用5μg代替0.005mg等，并与正文一致。

2.4 表格式要求

表名称：每一表格要有一简短确切的表名，连同表序居中置于表上，正文中的表要有名称，表的名称及表内容为宋体五号字，不加粗（参见表2.2）；

表序号：采用阿拉伯数字分章编号，如表3.1、表3.2……。

表尺寸：表尽量以一页的页面为限，一旦超限要加续表。

表位置：表居中排列，表名与上文应留一行空格，表与下文留一空行。

5

表中字体及大小根据实际情况自行调整。

表格式：三线表（表内无斜线、竖线）。

三线表通常只有3条线，即顶线、底线和栏目线（见表2.2，注意：没有竖线）。当然，三线表并不一定只有3条线，必要时可加辅助线，但无论加多少条辅助线，仍称为三线表。三线表的组成要素包括：表序、表题、项目栏、表体、表注，见表2.2。

注：①表中若有附注，一律用阿拉伯数字和右半圆括号按顺序编排，并写在表的下方；②如有特殊要求可以使用竖线。

表2.2　销售统计表

产品	4月	5月	6月	合计
MP3	12	8	10	30
U盘	6	7	5	18
总计	18	15	15	48

所有图形、表格和公式都必须包括在论文中，请不要链接到外部文件。

第三章　规范表达注意事项

3.1 名词术语

应使用全国自然科学名词审定委员会审定的自然科学名词术语；应按有关的标准或规定使用工程技术名词术语；应使用公认共知的尚无标准或规定的名词术语。作者自拟的名词术语，在文中第一次出现时，须加注说明。表示同一概念或概念组合的名词术语，全文中要前后一致。外国人名可使用原文，不必译出。一般的机关、团体、学校、研究机构和企业等的名称，在论文中第一次出现时必须写全称。

3.2 外文字母

文中出现的易混淆的字母、符号以及上下标等，必须打印清楚或缮写工整。要严格区分外文字母的文种、大小写、正斜体和黑白体等，尤其注意上下标字母的大小写、正斜体。

3.2.1 斜体

斜体外文字母用于表示量的符号，主要用于下列场合：

（1）变量符号、变动附标及函数。

（2）用字母表示的数及代表点、线、面、体和图形的字母。

（3）特征数符号，如Re（雷诺数）、Fo（傅里叶数）等。

（4）在特定场合中视为常数的参数。

（5）矢量、矩阵用黑体斜体。

3.2.2 正体

正体外文字母用于表示名称及与其有关的代号，主要用于下列场合：

7

（1）有定义的已知函数（例如sin；exp等）。

（2）其值不变的数学常数（例如e=2.718…）及已定义的算子。

（3）法定计量单位、词头和量纲符号。

（4）表示序号的拉丁字母。

（5）量符号中为区别其他量而加的具有特定含义的非量符号下角标。

3.3 公式

公式序号：公式的编号（五号、宋体）用括号括起写在右边行末，其间不加虚线。分章编号，如（3.1）、（3.2）……

公式位置：公式居左，并缩进两个汉字，公式上下分别要与正文间隔一空行，公式序号在公式所在行的最右边列出（参见以下例1）。

公式中的字符应调整到小四字号。

例1：公式

$$x = \frac{b + \sqrt{c+d}}{b - \sqrt{c-d}} \tag{3.1}$$

其中，b，c，d：分别为矫正系数……

毕业论文（设计）题目

第四章　论文装订注意事项

4.1 设计说明书（论文）

毕业设计说明书（论文）应独立装订成册，内容包括：

封面（由校统一编制）。

扉页。

中文摘要。

英文摘要。

正文目录（含页码）。

论文正文。

参考文献。

致谢。

附录。

4.2 外文翻译

每名学生在毕业论文（设计）期间，应完成不少于2万字符的外文翻译，将外文资料翻译成汉语。

所选外文资料必须与毕业论文方向一致，与毕业论文题目（或专业内容）有关，最好是近五年出版的期刊（不可翻译有中文译文的书籍），或由指导教师在下达任务书时指定。

译文用标准B5纸单面打印成文，装订时原文在前，译文在后。

4.3 装订规范要求

毕业论文（设计）按如下顺序装订：

9

毕业论文（设计）题目

（1）学生毕业论文（设计）全部内容（含封面、扉页、中文摘要、英文摘要、正文目录、论文正文、附录、指导教师签字的学术论文查看检测报告等）。（独立成册装订，学生完成）

（2）开题报告、外文翻译原文、译文。（独立成册装订，学生完成）

（3）毕业论文（设计）相关文件（含毕业论文任务书、中期检查报告、指导人意见书、详阅人意见书、答辩及成绩详定原始记录表）。（教师独立成册装订）

10

毕业论文（设计）题目

结　　论（三号、宋体、加粗、居中、字间空两格）

　　结论是理论分析和实验结果的逻辑发展，是整篇论文的归宿。结论是在理论分析、试验结果的基础上，经过分析、推理、判断、归纳的过程而形成的总观点。结论必须完整、准确、鲜明、精练。

　　这一节篇幅不大，首先对整个论文工作作一个简单小结，然后将自己在研究开发工作中所做的贡献或独立研究的成果列举出来，再对自己工作的进展、水平作一个实事求是的评论。但在用"首次提出""重大突破""重要价值"等自我评语时要慎重。可以在结论或讨论中提出建议、研究设想、改进意见、尚待解决的问题。

11

毕业论文（设计）题目

参考文献（三号、宋体、加粗、居中）

列出的参考文献限于作者直接阅读过的、最主要的且一般要求发表在正式出版物上的文献。参考文献的著录，按文稿中引用顺序排列，并在文内相应位置用阿拉伯数字（五号、宋体）置于"[ ]"中以上标形式标注。不得将引用文献标示置于各级标题处。

作者三人以上，只写到第三作者，其他人用"等"表示，英文作者用英文表示。非英文的外文作者可以用中文或英文音译表示出来。

参考文献书写格式应符合GB7714-87《文后参考文献著录规则》。常用参考文献编写格式如下：（字体为五号宋体）

专（译）著或文集的文献

（[序号]作者. 书名[M]. 出版地：出版者，出版年. 起至页码）

[1] 薛华成. 管理信息系统[M]. 北京：清华大学出版社，1993：66-70

[2] Anthony Giddens:The Consequence of Modernity[M].Cambridge Press,1996.23

期刊的文献

（标明年、卷、期。期刊无卷号时，期号也要用"（）"引上。）

[序号]作者. 题（篇）名[J]. 刊名，出版年，卷号（期号）：起止页

[3] 厉以宁，杨林. 全球化与中国[J]. 经济研究，2000，10（6）：70-75

[4] Jeffrey Sachs.International Economics:Unlocking the Mysterise of Globalization [J].Foreign Policy,Spring,1998,（6）：22-26

会议论文

（[序号]作者. 篇名. 会议名，会址，开会年：起止页）

12

毕业论文（设计）题目

[5] 惠梦君，吴德海，柳葆凯等. 东北亚地区经济的发展. ……专业学术会议，哈尔滨，2005：201-205

学位论文

（[序号]作者. 题（篇）名[D]. 授予学位地：授予单位博（硕）士学位论文，授学位年）

[6] 金波. 系统科学研究[D]. 杭州：浙江大学博士学位论文，1998

专利文献

（[序号]专利申请者. 专利题名. 专利国别：专利号. 出版日期）

[7] 姜锡洲. 制备方案. 中国专利：881056078. 1983-08-12

报告

（[序号]报告人. 文献题名. 报告地：报告会主办单位，年份）

[8] 冯西桥. LBB分析. 北京：清华大学技术设计研究院，1997

国际、国家标准

（[序号] 标准代号，标准名称. 出版地：出版者，出版年）

[9] GB/T 16159—1996，汉语拼音正词法基本规则. 北京：中国标准出版社，1996

报纸文章

（[序号]主要责任者. 文献题名. 报纸名，出版日期（版次））

[10] 谢希德. 创造学习的思路. 人民日报，1998-12-25（10）

参考文献在文内的标注格式：

（1）采用顺序编码制时，对引用的文献，按它们在论文中出现的先后用阿拉伯数字连续编码，将序号置于方括号内，并视具体情况把序号作为上角标，置于相应标点符号前，或者作为语句的组成部分。

（2）给文献编序号要根据以下两点：一是只有文献第一次在文中出现

13

时才编序号，换句话说，一篇文献只有一个序号，即使某文献在文中被多次引用，但在几个引用处都要标注同一个序号。二是以文献第一次出现的前后次序，从1开始连续编序号。例如，第一个第一次出现的文献，序号为1；第二个第一次出现的文献，序号为2；……。

（3）如果在正文的一处引用了多篇文献，标注时只用一个方括号，括号内写这几篇文献的序号：若几个序号是连续的，只标注起、止序号，两序号之间加半字线 "–" 号；若几个序号不连续，各序号之间加逗号。

注：一般不建议采用内容不确定性强、权威性差、保留时间短、难以核实的网站材料作为参考文献。

14

毕业论文（设计）题目

致　　谢（三号、宋体、加粗、居中、字间空两格）

主要表达对导师和其他在本研究工作中提出建议和给予帮助的老师和同学的感谢之意。对此，仍要实事求是，过分的颂扬反而会带来消极影响。（小四号、宋体）

毕业论文（设计）题目

附　　　录（三号、宋体、加粗、居中、字间空两格）

附录不是必需，以下内容可放在附录之内：

（1）由于篇幅过大或取材于复制品而不便于编入正文的材料；

（2）某些重要的原始数据、数学推导、计算程序、框图、结构图、注释、调查统计表；

（3）计算机程序说明和计算机打印输出件等。

16